Six causeries sur l'Art

L'Idéal dans le Réel

Maurice COULOMBEAU

Six causeries sur l'Art

L'Idéal dans le Réel

PARIS

BLOUD ET GAY, ÉDITEURS

7, Place Saint-Sulpice, 7

1914

IMPRIMATUR

---

† H.-L., *Ep. Carnut.*

PRÉFACE

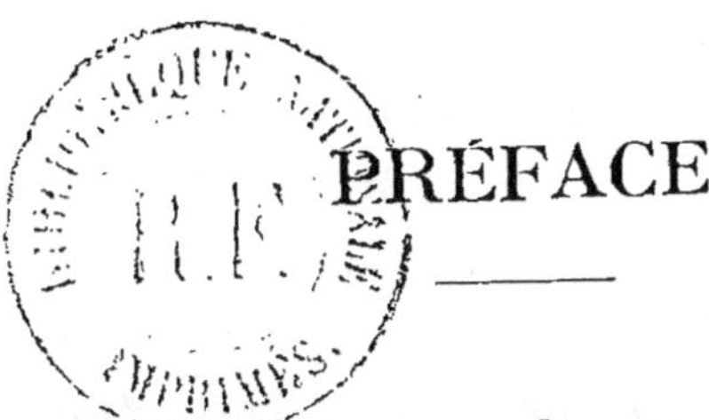

En publiant ces conférences sur l'art, nous n'avons pas prétendu faire un livre au sens propre du mot. On demande à un livre un plan, une méthode que nous ne pouvions pas avoir, puisque ces conférences ont été faites sans idée préconçue, avec la seule pensée de satisfaire au besoin du moment. On a eu la bienveillance de nous demander de les recueillir en un volume en souvenir des heures charmantes qu'on avait passées à parler ensemble de l'art (1), et qui avaient apporté, je crois que c'est le cas pour beaucoup de conférences, plus de plaisir au conférencier qu'aux auditeurs. Qu'on veuille bien nous excuser d'avoir cédé à cette aimable insistance, et ne pas exiger de nous la rigueur du théoricien ni la logique du philosophe.

(1) Ces conférences ont été faites pour le cours supérieur d'enseignement aux jeunes filles, fondé à Chartres par M. l'abbé Tissier, curé-archiprêtre de la Cathédrale, devenu évêque de Châlons. Quand on nous a demandé de les donner une seconde fois en public, nous avons dû les adapter à notre nouvel auditoire, et c'est sous cette forme que nous les publions.

Aussi bien, nous ne sommes, et nous n'aurions voulu être ici ni l'un ni l'autre : l'auditoire auquel nous nous adressions attendait de nous, il nous a semblé, que nous l'attirions à l'art en lui en inspirant le goût, bien plutôt qu'il ne nous demandait les définitions scientifiques et les analyses approfondies qu'on trouve dans les livres traitant *ex professo* de l'esthétique.

Nous serions heureux seulement si quelques-uns de nos lecteurs, comme nous avons appris avec plaisir qu'il était arrivé à plusieurs de ceux qui nous avaient entendu, retiraient de ces quelques pages un plus grand amour des choses de l'art, et s'ils étaient amenés à fréquenter plus souvent les chefs-d'œuvre des maîtres.

L'art, quand on sait le comprendre, l'art, même celui qui ne traite pas directement l'idée religieuse, à condition, bien entendu, qu'il ne l'attaque pas, l'art mène à Dieu puisqu'il élève l'âme, puisqu'il allume au cœur la flamme de l'enthousiasme, puisqu'il nous retire, quand nous nous laissons prendre à son charme, du terre à terre de la vie pratique.

Je sais que tout le monde ne pense pas ainsi. Je sais que certains ne veulent voir dans l'art qu'une technique. On peut analyser ses procédés, comparer ses écoles, étudier son histoire ; et c'est là, disent-ils, toute la jouissance qu'on doit lui demander : rien autre chose, en somme, qu'un plaisir d'esthètes et d'initiés qui se défendent comme d'une faute, d'une ignorance ou d'une naïveté, contre tout élan d'âme, contre tout émoi que pourrait exciter en eux l'œuvre d'art.

Nous demandons la faveur d'être comptés au nombre de ces ignorants et de ces naïfs pour qui l'art est une joie du cœur autant, sinon plus, qu'une joie de l'esprit ; la plus pure, la plus idéale joie que l'homme puisse goûter ici-bas, la plus capable de lui donner l'idée et l'avant-goût des joies qu'il trouvera dans l'éternelle contemplation de la Beauté incréée.

Ainsi nous avons voulu dans ces causeries, bien que d'une manière indirecte, faire œuvre de prêtre, et être utile aux âmes qu'on rapproche toujours de Dieu quand on les élève au-dessus de la terre et d'elles-mêmes.

L'ART ET L'UTILE

L'ART ET L'AGRÉABLE

L'ART ET L'UTILE
L'ART ET L'AGRÉABLE

L'Art, au moins quant à la définition qu'il convient de lui donner, quant aux idées générales auxquelles il doit se rattacher, relève de la philosophie. C'est vraiment dommage, je vous assure ; et ce n'est pas le long et fastidieux pèlerinage que je me suis imposé à votre intention, à travers je ne sais combien de chapitres ou d'essais traitant soi-disant de l'esthétique qui me réconciliera avec cette prétention de la philosophie à régenter les choses de l'art. Elle a pour domaine l'idée pure, la recherche du vrai, la science des principes et les principes des sciences, en un mot tout ce qui est étranger à l'art, tout ce qui en éloigne, tout ce qui le combat, tout ce qui le détruit. L'art est une chose ailée, et la lourdeur de la science pèse trop pour lui ; il est poésie, et la précision des définitions qui veulent tout tenir en un mot lui répugne ; il se prend et s'attache d'une part à la nature qu'il choisit pour inspiratrice, d'autre part à l'idéal, but éternel et suprême de ses

efforts ; mais les raisonnements abstraits de la
métaphysique le font fuir.

Pour ne pas le faire fuir, entrons, si vous le voulez bien, avec précaution dans le temple mystérieux de l'art : nous y verrons ensemble mille
belles choses et toutes sortes de merveilles ; mais
il ne faudra pas trop tirer les rideaux ni demander
une lumière trop crue : je veux dire que je
n'essaierai pas de vous donner et que vous
n'exigerez pas de moi les précisions ni les clartés définitives que l'on recherche dans le domaine de la science ou de la pensée pure.

C'est ainsi, pour vous prévenir tout d'abord,
et peut-être au risque de vous ôter une illusion,
que nous ne définirons pas l'art. J'espère que
le résultat de nos causeries sera de vous conduire à une notion plus claire et plus complète
de ce qu'il est, mais nous n'en donnerons pas la
définition. Il y en a pourtant des centaines :
aucune n'est absolument satisfaisante, et le
seraient-elles qu'elles ne nous intéresseraient
pas plus pour cela ; elles offriraient peut-être
un trait de lumière à notre esprit ; mais le cœur,
la noble faculté qui connaît en dernier ressort
de la beauté artistique, qui la goûte, qui en vit,
qui s'en inspire, qui en tressaille, qui l'aime
enfin, qu'est-ce que cela peut bien lui faire
qu'on vienne lui dire brutalement et froidement
en quoi cette beauté consiste, quel est son

genre prochain et sa différence spécifique ?

D'un autre côté, nous devons parler de l'art ; il faut donc bien en dire quelque chose, et puisque nous ne pouvons pas faire ces conférences dans les conditions qu'il faudrait, nous devrons bien nous résoudre à philosopher un peu et à mettre malgré nous quelque pédantisme dans un sujet où la libre fantaisie devrait seule avoir tous les droits.

Je dis que nous ne sommes pas ici dans les conditions souhaitables. Si nous pouvions, comme au temps des fées, nous voir transportés dans quelque palais magique où l'on aurait réuni toutes les splendeurs de l'architecture, où les chefs-d'œuvre des sculpteurs et des peintres les plus fameux seraient exposés, non pas comme ils sont dans nos musées, à la manière de pauvres prisonniers de guerre (c'est le cas pour un grand nombre) qu'on exhibe à la curiosité de la foule, ou de marchandises qu'on amasse dans un étalage, mais chacun bien à sa place, dans la lumière, dans le cadre, avec l'ameublement que chaque artiste aurait choisi lui-même pour mettre bien en valeur son œuvre. Les arts décoratifs seraient aussi représentés dans ce palais de la chimère : tout ce que nos admirables ciseleurs du xviie et du xviiie siècle ont créé de chefs-d'œuvre, les pendules, les candélabres, les appliques, les statuettes, les menus objets de toutes sortes ; puis, pour la céramique, les faïences, les vases de tout genre, de tout style, de toute grandeur : tout y serait.

Ce n'est qu'un rêve, je le sais, que j'esquisse devant vous : nulle part on ne trouverait réalisée une merveille semblable. On y serait si bien pourtant, non pas peut-être pour parler de l'art (nous avons déjà dit à propos de la musique que, moins on en parle et plus on en fait, mieux cela vaut), mais pour le goûter, pour nous en pénétrer ; et aussi pour approcher aussi près que possible de la notion qu'il convient de s'en faire, si l'on veut à toute force, comme nous l'essayons aujourd'hui, saisir ce qu'il y a de commun dans tous ces arts si variés ; ce qui, malgré tant de formes différentes, se retrouve en tous ; ce qui les distingue de tous les autres procédés, de toutes les œuvres sorties aussi de l'activité humaine, mais qui ne sont pas de l'art, en un mot ce qui est l'idée d'art.

Ce quelque chose qui constitue, à mon sens, l'art et le distingue de tout ce qui n'est pas lui, c'est l'émotion esthétique. L'artiste qui bâtit, qui sculpte, qui peint, qui compose, a ressenti lui-même cette émotion ; et celui qui contemple son œuvre, qui l'admire, qui la reproduit, qui la chante, éprouve à son tour quelque chose de cette émotion esthétique.

Je voudrais vous expliquer de mon mieux cette pensée qui fait, en somme, le fond de ce que nous dirons sur la nature de l'art.

L'émotion esthétique est, nous l'avons dit, d'une espèce bien particulière : elle ne doit être confondue, comme on l'a fait à tort quelquefois, avec aucun autre des phénomènes qui affectent notre sensibilité.

Mais elle leur prend à tous quelque chose. Elle est, en somme, l'amour du beau qui fait vibrer notre âme, et cet amour se distingue sans doute de tous nos autres amours ; mais depuis les plus simples et les plus vulgaires jusqu'à ceux que nous regardons comme les plus nobles, il leur fait à tous l'emprunt de quelque vive impulsion, de quelque tendance, de quelque mouvement d'âme. C'est l'alliance, c'est le mélange, c'est la combinaison, si j'ose dire, de tous ces éléments de sensibilité qui compose ce que j'appelle l'émotion esthétique.

*
* *

Ainsi tout d'abord il y a lieu d'établir une distinction entre l'amour du beau et la recherche de l'utile. Il est très certain qu'un beau tableau, qu'une sonate, qu'une statue, ne servent à rien, si l'on s'en tient au point de vue strictement utilitaire, et de fait les gens pratiques s'en passent très bien : que dis-je ? Ils déclarent nuisibles à la société ces inutilités pour lesquelles on dépense en pure perte tant d'argent et de temps ! Les Romains, peuple éminemment pratique, *gens omnium utilitatum rapacissimi*, réservaient aux esclaves ces œuvres futiles qui auraient profané les mains et l'esprit d'un citoyen libre. La poésie et les beaux-arts étaient appelés à Rome, au moins jusqu'au siècle d'Auguste, *leviores, minores artes* : les arts de rien.

Est-il besoin de remonter jusqu'aux Romains pour trouver des hommes ou des femmes incapables de rien sentir à la beauté artistique la plus admirable ? Passionnés du terre à terre, épris du pot-au-feu, toute leur sensibilité s'est concentrée sur ce qui sert à quelque chose : gens pour qui la grande devise est : les affaires sont les affaires ; gens qui ne sentent rien là ! dont le cœur ne sait pas battre. Ces personnes pratiques ont absolument raison de négliger les beaux-arts pour leur propre compte, puisque assurément elles n'y trouveraient aucun des avantages qu'elles recherchent. Mais elles auraient tort d'ériger leur état d'esprit en loi générale, et l'œuvre d'art qui est créée avant tout, sans doute pour elle-même et dans un but absolument désintéressé, ne peut pourtant pas être à cause de cela déclarée inutile.

Vous êtes-vous demandé quelquefois pourquoi nous trouvons dans la nature tant de choses superflues, tant d'êtres, tant de vies, tant de beautés qui semblent, en somme, surajoutées à ce qui était strictement nécessaire pour la nourriture, le vêtement, la conservation de l'homme qui a été constitué par Dieu l'habitant et l'usufruitier de cette nature. Regardez donc au bord du chemin, quand vous vous promenez par les bois; regardez à vos pieds ces innombrables fleurettes qui s'épanouissent joyeusement sur ou sous la mousse : à quoi donc peuvent-elles servir, sinon à la seule beauté de notre demeure terrestre, sinon à nous faire fête quand nous passons ? C'est la fête des yeux, c'est la fête du cœur, c'est la joie de vivre qui s'épanouit en elles : l'iris jaune au bord de la rivière, l'églantine sur la lisière des bois, le nénuphar endormi sur l'eau sombre de l'étang, l'anémone frileuse tremblant au vent des hauts sommets ; ces fleurs ont une âme qu'il faut comprendre ; il faut savoir entrer en sympathie avec elles, s'intéresser à leurs timidités, à leurs coquetteries, à leurs langueurs, à leurs nostalgies...

Les fleurs n'ont-elles pas cent fois consolé les douleurs humaines ? N'avez-vous pas vu qu'elles réjouissent ceux qui pleurent, qu'elles guérissent ceux qui souffrent, qu'elles parlent des absents, qu'elles gardent même dans leurs pétales desséchés le souvenir de ceux qui ne sont plus ? Est-ce donc rien que tout cela ? Oui, vous servez à quelque chose, petites fleurs : plus vous semblez inutiles, et plus mon cœur comprend pourquoi vous êtes faites ; c'est l'amour de Dieu qui vous a créées ; le même amour qui a fait mon cœur si grand que rien ne le saurait remplir a fait la nature si belle que tout en elle, si je sais la comprendre, peut me porter vers Lui. Rien, dans toute cette splendeur du monde créé, rien n'est inutile : et si parmi tant de richesses nous croyons reconnaître un luxe superflu, laissons échapper de nos âmes un cri de reconnaissance pour notre Dieu qui n'a pas voulu compter, qui s'est montré prodigue de ses dons et a répandu sur toutes les choses qu'il a créées pour nous un rayon de son éternelle beauté.

Eh bien ! pas plus que le beau épars dans la nature, l'art, qui est la beauté réalisée par l'activité humaine, n'est inutile. Tout d'abord, il y a des œuvres d'art qui sont faites dans un but directement pratique. L'Architecture fut un art à l'origine tout utilitaire. Même maintenant, pour qu'un édifice nous plaise, il faut qu'il nous paraisse accommodé à son but, qu'il justifie pour nous l'arrangement de ses parties ; une maison ornementée avec beaucoup d'élégance, mais où rien ne semblerait fait pour la commodité de l'habitation, où les fenêtres seraient petites, les portes étroites, les escaliers trop raides, nous choquerait comme un non-sens esthétique ; au contraire, toute organisation de parties par rapport à une fin constitue un ordre, une harmonie, et depuis longtemps avec raison on a uni la beauté et l'ordre.

Dans les arts décoratifs, le beau est intimement lié à l'utile, et il est difficile, il peut même paraître subtil quelquefois de vouloir séparer ces deux éléments. Direz-vous qu'un meuble de Riesener, qu'une pendule de Boulle, qu'un vase de Sèvres, sont moins utiles qu'un vase, qu'une pendule, qu'un meuble vulgaire parce qu'ils sont plus beaux ? Où donc, je vous le demande, se trouve l'utile et où se trouve l'art dans chacun de ces objets ? Jusqu'où va le domaine de l'un et où commencent les frontières de l'autre ? La logique, je le veux bien, admet la distinction des deux idées : mais laissons la logique, je vous prie, et restons dans la vie, dans le réel, c'est-à-dire au fond dans le bon sens.

Le bon sens nous dit que dans les objets d'art qui sont créés pour une fin pratique déterminée on ne saurait sans les détruire séparer le beau de l'utile. S'il en était autrement, on pourrait très bien retirer à un cartel Louis XV tous ces ornements inutiles dont l'orfèvre l'a recouvert. En somme, pourquoi fait-on un cartel ? pour y regarder l'heure, n'est-ce pas ? Et pour remplir ce but, que faut-il ?

Un mouvement d'horlogerie, un cadran, un crochet pour le suspendre au mur et un clou pour le soutenir. Ah ! vous croyez qu'il ne faut que cela ? Eh bien ! essayez donc de placer votre cartel ainsi mutilé dans une chambre quelconque, dans un salon de l'époque pour laquelle il avait été fait, par laquelle, bien plus, il avait été inspiré. Où le mettrez-vous ? Laquelle des grandes dames de ce siècle au goût si délicat, si fin, l'honneur de l'art français, consentira à déparer ses appartements en y exposant une horreur pareille. Si soucieuse que vous la supposiez de bien connaître l'heure pour ne manquer ni une réception à la cour, ni une réunion mondaine, ni une fête à Versailles, ni une conversation littéraire, elle préférerait cent fois ne rien connaître du temps que de garder chez elle ce schéma, cette ombre, cette idée de pendule, débris désormais inutile, bon à reléguer parmi les choses mortes. Non, la beauté du cartel encore une fois n'est pas inutile : sans doute elle ne lui sert pas directement et par elle-même à sa fin première qui est de mesurer le temps ; mais elle le place dans son milieu, dans son époque ; elle lui donne une figure, un caractère, une personnalité, un âge, presque une vie. Et vous voudriez que tout cela ne servît de rien ?

Allons plus loin, si vous le voulez bien, et demandons-nous s'il est vrai que pour les autres arts, la sculpture, la peinture, la musique, qui ne sont, semble-t-il au premier abord, que de belles inutilités, dont les créations ne paraissent répondre à aucun des besoins de l'humanité s'il est vrai que pour ceux-là aussi la distinction du beau et de l'utile soit absolue. Pour moi, je ne le crois pas.

Si je considère, en effet, l'art dans son ensemble, je me demande ce que serait l'humanité si l'on retranchait de son histoire des noms comme ceux de Phidias, Praxitèle, Fra Angelico, Michel-Ange, Léonard de Vinci, Raphaël, Rubens, Fragonard, Delacroix, Flandrin, Meissonier, Millet. Ce que serait l'humanité sans les artistes ? C'est bien simple : pour s'en faire une idée, il faudrait remonter jusqu'à l'homme des cavernes ou bien faire un voyage chez les anthropophages du centre de l'Afrique ou des îles océaniennes ; et encore il faudrait continuer plus haut dans l'histoire et s'en aller plus loin dans le monde, car les découvertes géologiques qui ont mis à jour les documents les plus anciens de l'activité humaine nous révèlent déjà des manifestations primitives sans doute et grossières, mais certaines cependant de l'art. On a retrouvé dans des grottes, évidemment de l'âge quaternaire, des images représentant approximativement des arbres, des animaux, des hommes. Et, pour ce qui est des sauvages, nous savons qu'ils ne sont

pas étrangers à toute préoccupation artistique :
ils aiment la parure ; ils décorent leurs armures ;
ils ornent leurs tombeaux ; ils sculptent des
images de leurs divinités et leur élèvent des
temples. Si donc on retranchait les artistes et
l'art de l'histoire humaine, c'est l'humanité
elle-même qu'il faudrait supprimer.

Pourquoi cela, sinon parce que l'art répond à
un besoin intime de sa nature et qu'il lui est
non pas seulement utile, mais nécessaire ?
L'homme qui crée une œuvre d'art quelle
qu'elle soit, et non pas lui seulement, mais
aussi celui qui la goûte et qui l'admire, obéit à un
instinct déposé en lui dès les origines comme un
germe fécondé par le Créateur. Ce besoin est
assurément très mystérieux, et en faire l'analyse
exacte ne serait pas chose facile.

Il se ramène à ce qu'un certain nombre de
penseurs appellent l'activité de jeu. Ces penseurs
supposent que chaque homme garde en réserve,
en plus de l'activité qu'il déploie pour des fins
utilitaires, un certain surplus d'énergie qui
demande à se dépenser au dehors. La nature
ne nous a pas mesuré la quantité exacte de puissance nécessaire à notre propre conservation ;
elle a mis en nous de surabondantes richesses ; nous avons trop de force potentielle
dans nos muscles, trop de sensibilité dans notre
système nerveux, trop d'images dans notre mé-

moire et dans notre imagination, trop de clartés
dans notre esprit, trop d'élan dans nos cœurs,
pour nos besoins de tous les jours. Et par conséquent aussi dans l'humanité prise en bloc il
y a trop de tout cela pour ses utilités strictement
pratiques. C'est ce qui reste, après qu'on a pourvu
à la nourriture, à la conservation, à l'habitation,
à toutes les commodités de la vie individuelle
et à tous les besoins de la vie sociale ; c'est ce
qui reste qui va avoir pour débouché l'activité
artistique : et le mot est bien trouvé : ce sera
une « activité de jeu ». On agira pour agir, sans
autre but que l'action elle-même, et sans doute
ce sera un but désintéressé ; ce ne sera pas, je
le veux bien, une fin utile, mais oserez-vous dire
que ce sera tout à fait inutile, puisque sans cette
action pour l'action il y aurait un excès d'activité
qui serait sûrement pour les personnes et pour
la société la source d'une foule de dangers de
toutes sortes dans l'ordre même physique aussi
bien que dans l'ordre intellectuel et dans l'ordre
moral ; absolument, si vous voulez me permettre
cette comparaison empruntée à l'industrie moderne, comme lorsqu'une source d'électricité est
trop abondante pour la force qu'elle doit mettre
en mouvement ou pour la lumière qu'elle doit
produire, cette électricité s'amasse dans les accu-
mulateurs, et il arrive fatalement un moment où
elle doit se décharger en pure perte sous peine

de provoquer les pires catastrophes ? Est-ce vraiment en pure perte qu'elle se dépense ainsi ? Non assurément, et il n'est pas un industriel qui préférerait voir sauter sa machine plutôt que de perdre une force inutile.

Donc, si l'art n'est pas l'utile, il est utile. Grâce à lui, l'artiste exerce toute cette surabondance de puissances intellectuelles, imaginatives, sentimentales, qui s'agitent en lui et débordent de son âme ; il ne peut échapper, quoi qu'il fasse, à l'enthousiasme qui le transporte ; l'œuvre d'art ne naît pas par hasard ; il faut qu'elle naisse ; elle répond à un besoin ; à un besoin social aussi, et l'art a un rôle éminemment social, car si nous ne sommes pas tous artistes, tous, nous avons besoin de l'art à quelque degré pour épuiser et dépenser l'excès de puissance et d'énergie de nos facultés réceptives.

L'artiste crée pour le seul besoin de créer. Nous, nous voulons voir pour voir et entendre pour entendre, rien que pour mettre en jeu nos facultés de voir et d'entendre. Voir pour nous conduire, pour nous guider dans la recherche de l'utile, ce n'est pas assez pour nous. Nous voulons voir parce que c'est beau ; la nature sans doute est belle ou nous la faisons telle ; mais elle ne nous suffit pas encore : les paysages qu'elle offre à nos regards sont utiles en quelque manière, et cela nous gêne :

les beaux arbres donnent de l'ombre et des fruits ; les fleurs ont des parfums enivrants ; le fleuve qui coule à nos pieds si majestueux est un chemin qui marche ; il transporte les bateaux dont nous apercevons là-bas le panache de fumée noire ; il sert au commerce, et cela nous gêne aussi. Nous avons besoin que l'objet de notre admiration puisse être considéré rien que pour lui-même, seulement pour satisfaire la vue. Et alors, pour être bien sûrs d'y arriver, nous allons chercher dans la peinture et dans la statuaire, où sûrement elle ne sert plus à rien de pratique, cette nature qui nous semble plus belle ainsi parce qu'elle est cette fois pour nos yeux tout seuls, pour nos yeux qui demandent avidement de la voir ainsi.

A ce point de vue, je n'hésite pas à dire, transporté peut-être par la force de mon sujet, mais aussi, je crois, par sa vérité et par la conviction que j'ai du grand rôle que l'art joue et doit jouer dans notre vie, je n'hésite pas à dire qu'un paysage de Corot, pour prendre un exemple, est plus utile à satisfaire mon besoin et mes tendances esthétiques que le même paysage, s'il existe quelque part dans la réalité de la nature, n'est utile à la satisfaction des utilités pratiques ; car, en somme, ce paysage, je puis le retrouver autre part à peu près dans les mêmes conditions pour l'avantage exté-

rieur et matériel qu'il me procure, tandis que
le Corot répond d'une manière absolue et peut-
on dire presque unique au besoin idéal que
j'ai de voir pour voir et d'admirer pour admirer une nature plus belle que celle qui me porte,
qui m'abrite, qui me nourrit.

Donc le beau et l'utile, tout en étant distincts,
ne doivent pas être séparés aussi nettement
qu'on le fait quelquefois, et l'émotion esthétique contient un peu de l'émotion ressentie
dans la satisfaction d'un besoin.

*
* *

J'aborde une seconde distinction que l'on
fait souvent et qui ne me paraît pas plus absolue, quoiqu'elle soit vraie en partie : c'est la
distinction de l'art et du plaisir.

Que le beau artistique ne se confonde pas
avec l'agréable, avec le plaisir, c'est une chose
très certaine. « Que de choses sont agréables
sans être belles » ! dit Socrate à Hippias dans un
dialogue de Platon. L'agréable au premier abord
semble être d'ordre matériel : c'est ce qui nous
procure une sensation de plaisir. Or de nos cinq
sens susceptibles d'éprouver cette satisfaction
quand ils sont mis en exercice, trois, le goût,
l'odorat et le toucher, ne *semblent pas par eux-
mêmes* percevoir le beau. Vous voyez cependant
dant que je mets quelque hésitation en vous

énonçant cette remarque qu'on trouve exprimée d'une façon absolue et tranchante dans tous les traités d'esthétique. Il convient en effet de montrer quelque défiance à l'endroit des théories reçues sans contrôle et des catégories toutes faites. C'est pourquoi je dis que l'odorat, le goût, le toucher ne semblent pas « par eux-mêmes » percevoir le beau. En effet, est-ce que vous croyez que notre sensibilité soit ainsi séparable en cinq parts dont on puisse aussi facilement mettre trois d'un côté et deux de l'autre, sans que les trois premières trouvent quelque moyen de rejoindre les deux autres en dépit de toutes les divisions et de toutes les subtilités d'une psychologie faite d'avance ?

On ne peut pas dire assurément, comme le fait remarquer Cousin, « une belle odeur, une belle saveur ». Mais quand nous regardons une belle peinture, est-ce que nous pouvons nous en tenir strictement aux sensations de la vue ? Non ; pendant que nos yeux regardent, notre mémoire est assaillie d'une foule de souvenirs et d'impressions dont le plus grand nombre sont étrangers au seul sens de la vue et nous viennent précisément d'anciennes excitations de ces trois sens auxquels on refuse toute puissance esthétique. A l'image d'un gazon bien vert est associée l'idée d'une certaine mollesse sous les pieds :

le plaisir que nos membres éprouveraient à s'y
étendre augmente celui que l'œil ressent à le
regarder. Le bleu du ciel lui-même, si impal-
pable qu'il soit, acquiert parfois une apparence
de velouté qui ajoute à son charme en lui prê-
tant une douceur indéfinissable. Voici pour le
toucher. Et le goût, croyez-vous qu'il reste indifférent et ne prend pas sa part d'impression
esthétique lorsque nous admirons par exemple
une nature morte de Chardin ? Ce sont de belles
poires, des pêches appétissantes, des raisins
dorés et, les montrant du doigt, comme font
les enfants qui ne voient que le dessert en
se mettant à table, nous disons malgré nous :
« On en mangerait. » Et, non pas par métaphore,
vous entendez bien, mais en toute vérité, l'eau
nous monte à la bouche, signe évident que le
goût est bien intéressé à notre contemplation de
la beauté artistique.

Et cette vieille bouteille, regardez-la bien
attentivement et voyez en vous-mêmes quelles
sensations diverses elle fait naître. « Regardons-le, dit quelque part M. Robert de la Sizeranne (1) (un éminent critique d'art dont je me
permets de vous conseiller en passant la lecture),
regardons-le, le flacon de l'ancienne France,
fermé et cacheté comme un message du passé,

____

(1) *Le Miroir de la vie*, II, p. 128.

aux générations futures... Ce n'est pas le maigre flacon de verre clair, sans mystère, sans âme, au long col qui aujourd'hui, secoué dans les filets des wagons ou des limousines, porte indifféremment tous nos pâles breuvages, correct et géométrique, exactement semblable à des millions d'autres sortis du même moule, sans un trait individuel, sans un souvenir. Ici c'est la vieille bouteille française, pansue, mal coiffée, la bague mise de travers, toujours une épaule plus haute que l'autre, dissymétrique à plaisir, faite d'une pâte trouble, épaisse, à peine translucide et qui ne livre pas d'abord son secret. Vénérable et comique, avec sa petite collerette portant son nom et son âge, fière de sa vieillesse, fière de son terroir, cachant aux cavités ombreuses de son cristal la vertu des soleils éteints et des comètes disparues, elle annonce aux hommes ce qui ne se fait pas en un jour et ce qui ne se fait pas n'importe où, mais ce qui demande la collaboration des années et d'un coin de terre choisi. L'ouvre-t-on, voici que remonte des profondeurs du passé le parfum subtil et pénétrant des automnes. Voici que jaillit devant les yeux le rayon qui fit mûrir les grappes et que tinte aux oreilles le chant des vendangeurs endormis maintenant au pied des coteaux, qui ont cueilli pour nous ce talisman des anciens jours. »

Mais, je vous le demande, d'où viennent toutes ces sensations qui nous assaillent en foule ? Pourquoi une simple bouteille peut-elle être pour nous l'évocatrice de tant d'idées ? Est-ce précisément par la sensation visuelle qu'elle produit sur nous ? Non, c'est à cause du nectar qu'elle renferme et que nous nous figurons goûter. Si, malgré toute l'habileté que le peintre a mise à nous la représenter, si nous savions qu'il nous trompe et que sous ce verre, sous cette poussière des caves, sous ces toiles d'araignées, c'est de l'eau de Vichy ou de Saint-Galmier qu'on a renfermée, soyez sûrs que toute la vision enchanteresse s'évanouirait du coup ; et avouez par conséquent qu'une bonne part de l'émotion esthétique que nous éprouvons ici doit être attribuée au sens du goût qui collabore, si j'ose dire, avec la vue dans la contemplation du chef-d'œuvre de Chardin, et avouez aussi que si l'art ne se confond pas avec l'agréable, avec le plaisir, tout de même le plaisir y est bien pour quelque chose.

C'est bien autrement vrai encore pour les deux sens proprement artistiques, la vue et l'ouïe. Je n'arrive pas à comprendre pour ma part comment une œuvre d'art peut être belle sans plaire à nos yeux ; comment une musique peut être proclamée belle qui n'offre pas le moindre charme à nos oreilles. Il y a cependant des gens

qui prétendent cela, et non seulement il y a des
critiques ou des philosophes qui l'enseignent,
ce qui serait, à tout prendre, excusable, car la
plupart des premiers n'entendent rien à l'art ; et
les seconds lui tournent presque tous le dos ;
mais aussi quelques peintres et quelques musiciens ont tenté l'essai véritablement audacieux,
et resté d'ailleurs, fort heureusement, sans aucun
succès, de présenter des œuvres d'un art consommé croyaient-ils, desquelles on avait par
avance rayé tout ce qui peut plaire aux sens.
Des tableaux qui sont un amas des couleurs les
plus criardes jetées sur la toile dans un tel désordre qu'on ne saurait dire si c'est le tableau
qui a servi de palette ou la palette qui pourrait
servir de tableau ; des statues qu'on ne sait de
quel côté regarder pour leur trouver figure
humaine, et qui semblent quelque bloc de
marbre au sortir de la carrière ; des objets d'art
où le ridicule le dispute au galimatias, où, sous
prétexte d'art moderne, les lignes les plus invrai-
semblables se contrarient dans tous les sens,
avec la seule règle, semble-t-il, de choquer
les yeux ; des compositions musicales où les
sons se suivent rauques et durs, jurant ensemble
comme des cris de chats en colère, présentant
des harmonies comme celles qu'on perçoit sur un
champ de foire quand on s'arrête entre un manège
de chevaux de bois, un orchestre de cirque et

l'orgue à tambours du cinématographe. Et voilà ce qu'on prétend nous imposer comme de l'art !

« Les plaisantes gens ! » aurait dit Molière ; comme si la première des règles n'était pas de plaire ! Et si on me demandait de dire après lui quelle est la seconde règle de l'art, je répondrais : c'est encore plaire ; et la troisième, toujours plaire. Plaire aux yeux par le dessin, par la couleur, par la grâce, par le mouvement ; plaire à l'esprit par la netteté, la précision, l'idée ; plaire à l'imagination et à la mémoire par la richesse des images évoquées ; plaire au cœur par la profondeur, la délicatesse, la chaleur du sentiment ; plaire à tout l'homme enfin, parce que c'est à l'homme tout entier que l'art s'adresse, parce que c'est l'homme tout entier qu'il doit captiver et ravir au-dessus de lui-même dans l'enchantement de tout son être, dans l'extase, dans la surélévation de toutes ses facultés ; plaire enfin et surtout, parce que l'art ne doit pas rester le privilège d'un petit nombre d'initiés, de ceux qui peuvent peut-être, après une longue éducation, se faire un goût factice et chercher les difficultés, les excentricités, la bizarrerie, l'effort. L'art doit être accessible à tous par quelque chose, et c'est par l'agrément des formes, par la beauté de l'exécution, par la poésie des sujets, en un mot par le plaisir, qu'il trouvera le chemin de toutes les âmes humaines.

Je viens de parler de la poésie : c'est elle, n'en doutez pas, qui donne à une œuvre d'art son charme souverain. Voici une figure humaine, voici un paysage, voici une nature morte : nous avons compris le sujet du tableau ; nous avons examiné et reconnu tous les détails de l'objet représenté. Est-ce là tout ? L'œuvre n'a-t-elle rien de plus à nous dire ? Rien de plus, si elle représente platement un objet vulgaire. Mais, si elle a été conçue et exécutée par un artiste qui avait à quelque degré le don de poésie, elle éveillera en nous des impressions, des sentiments, des images, qui lui donneront un surcroît de charme. Elle nous parlera de mille choses qui ne peuvent être représentées, n'étant pas visibles, mais exprimées seulement ; et c'est de trouver dans notre propre fond tous ces trésors cachés, c'est de faire nous-mêmes cette poésie, c'est de collaborer ainsi en quelque manière à la création conçue par l'artiste, c'est tout cela qui nous ravit et qui nous plaît.

Il est certains spectacles, certains objets qui sont si intimement mêlés à notre vie, dans lesquels nous avons tant mis de nous-mêmes qu'il suffit de nous en présenter l'image pour évoquer dans notre esprit tout un cortège de sensations, de sentiments, de rêveries, de souvenirs ; ils sont pour ainsi dire saturés d'une poésie toute prête à jaillir ; ils sont vivants, ils parlent, ils pensent, ils sentent. L'artiste doublé d'un poète sait rendre toutes ces nuances d'expression qui sont dans les choses : leur réveil dans la fraîcheur de la brume matinale, leur angoisse à l'approche de l'orage, leur timide et charmant sourire après l'ondée quand du ciel encore chargé un premier rayon de soleil descend sur les champs mouillés, ou leur regret du jour, et cette dernière lueur qui par-dessus la plaine assombrie va se poser sur les sommets lointains et s'y attarde comme un long regard d'adieu. Allez au Louvre, et, dans un coin de l'incomparable collection Thomy Thiéry, cherchez *le Matin* et *le Soir* de Jules Dupré ; laissez-vous prendre à l'indicible charme de ces poèmes admirables ; et dans l'extase où cette contemplation vous retiendra longtemps, mille fois plus convaincante que tous les raisonnements du monde, concluez avec moi que si l'art n'est pas l'agréable, pourtant l'agrément, le charme, le plaisir infini qu'on goûte à regarder un chef-d'œuvre, entrent pour une très grande part dans l'émotion de beauté artistique qu'il éveille en nous.

C'est si vrai que je veux insister davantage et revenir sur un mot que j'ai dit en passant et qui a, j'y pense maintenant, plus d'importance que je ne lui en avais attribué d'abord. Comprendre une œuvre d'art, c'est, avons-nous dit, collaborer en quelque manière à sa création, et c'est là qu'est peut-être, en somme, la source du plaisir délicat qu'elle nous offre.

Nous avons dit une fois, parlant de la lecture, qu'elle est une conversation établie entre nous et l'écrivain que nous lisons, plus que cela, qu'elle est une véritable participation de notre esprit et de notre cœur à la pensée créatrice de l'écrivain.

C'est la même société qui s'établit entre l'artiste et nous quand nous admirons un chef-d'œuvre de la peinture, de la sculpture, de la gravure, de l'art décoratif.

L'artiste s'est mis tout entier dans son œuvre ; nous l'y retrouvons sûrement ; si nous l'avons vu déjà, s'il ne nous est pas inconnu, tout de suite nous le reconnaîtrons entre mille. Personne ne lui ressemble. Il ne ressemble à personne, et il y a pour les connaisseurs ce que les peintres appellent dans leur argot « la patte », c'est-à-dire la manière propre de chaque peintre qui n'est pas, qui ne peut pas être celle d'un autre. On dit « un Raphaël », « un Rembrandt », « un Corot », et quand on parle ainsi on entend désigner quelque chose de bien particulier, d'un caractère bien net, qu'on ne peut pas confondre avec un Teniers, un Fragonard, un Watteau. Si on me présente une femme d'aspect gracieux et doux au visage modeste, aux formes idéales, assise dans un paysage où tout est grâce et joliesse et joie et vie, et tout près d'elle deux enfants aux membres dodus et potelés, le tout d'un dessin impeccable, sans une ligne en dehors, le tout bien en couleur, sans rien qui attire ou qui repousse l'œil, je dis : C'est un Raphaël, et je reconnais aussitôt le maître des maîtres. Si les contours du paysage se perdent dans le vague ; si la brume passe par-dessus les feuilles et semble tout envelopper ; si la lumière envahit l'ombre et reste, dans la lutte qu'elles se livrent, toujours victorieuse, je dis : C'est un Corot, et la toile ne serait-elle pas signée que rien ne saurait m'empêcher de voir le nom dans l'œuvre.

Voilà donc la part de l'artiste : il met dans son ouvrage sa technique, sa pensée, sa vision des choses, son âme. Et nous prenons maintenant tout cela ; nous nous en emparons ; nous le faisons nôtre. L'émotion qu'il a ressentie, nous l'éprouvons nous-mêmes ; plus ou moins sans doute, suivant la puissance du sentiment artistique qui est en nous, mais toujours en quelque manière.

Raphaël, ce n'est plus lui, puisqu'il n'est plus, puisque, hélas ! le temps détruit même tous les jours son œuvre. Raphaël, c'est moi, c'est vous, c'est nous tous qui gardons vivante sa toile, qui rallumons en la contemplant le rayon de vie qu'il y a déposé et qui serait mort sans nous. Que serait *la Vierge à la chaise*, que serait *la Belle Jardinière*, *la Vierge au Chardonneret*, si personne n'était là pour les contempler ? Rien qu'un peu d'étoffe barbouillée d'ingrédients chimiques.

Mais il y a plus : même si le maître vivait encore, même si nous étions admis à l'honneur de pénétrer dans son atelier pour assister à la création de son chef d'œuvre, même alors il ne pourrait pas se passer de notre aide et de notre collaboration : il faut que nous soyons avec lui les artisans de son travail ; sa technique suppose à tout instant notre intervention.

Et ne croyez pas que je veuille ici vous payer de mots et pousser la subtilité jusqu'au défi. Rien n'est plus simple, au contraire, ni plus vrai. Le spectateur est de moitié dans l'exécution de l'œuvre. De fait un spectateur est toujours là quand elle se crée : c'est l'artiste lui-même ; il va et vient en tous sens devant son tableau ; il s'approche, il s'éloigne, il se penche, il tourne le dos à la lumière, il se met à contre-jour : il cherche, en un mot, à se rendre compte par lui-même de tous les effets produits ; de même que nous devons nous incarner en quelque sorte dans la personnalité de l'auteur pour bien goûter son œuvre, il faut que lui, de son côté, tâche de se faire une âme de spectateur.

C'est qu'en effet il y a dans un tableau, dans une statue, beaucoup plus de ce qu'on y doit mettre par la pensée que de ce qu'on y a mis en réalité. Il y a des vides; il y a des sous-entendus, et qui doit remplir ces vides, qui doit comprendre aussitôt ces sous-entendus, sinon le second ouvrier de l'ouvrage artistique, le spectateur ?

Qu'est-ce par exemple que cette statue ? C'est une jeune fille. Elle doit être blonde, avec de grands yeux bleus rêveurs ; son attitude est souple, un peu alanguie ; sa toilette est simple et claire. A vrai dire, il n'y a là ni jeune fille, ni cheveux blonds, ni prunelles bleues, ni souplesse, ni toilette. Il n'y a qu'un bloc de marbre blanc dur, taillé en forme féminine sans doute, mais si différent de la femme réelle ! Si vous faites disparaître ainsi, par un rappel à la réalité, tout ce que votre imagination avait ajouté à l'œuvre ; si vous essayez de vous figurer une jeune fille qui serait telle qu'est vraiment ce marbre avec ce ton de chair, cette couleur de cheveux, mais ce serait plus laid qu'un cadavre, ce serait quelque chose d'horrible ! Et pourtant ce qui vous apparaît est charmant. C'est donc que dans ce marbre vous apercevez autre chose que ce que vos yeux vous montrent positivement : vous ne voyez de l'objet qui est devant vous que ce qu'il faut en voir ; vous y

ajoutez ce qui n'y est pas et qu'on doit y voir
pourtant ; vous comblez les vides ; vous sup-
pléez aux sous-entendus ; vous vous mettez
dans l'illusion ; vous collaborez au travail du
sculpteur qui du reste avait compté sur vous
pour cela.

Pareil effet se produit quand vous regardez
un tableau. Ici même, l'illusion est peut-être
plus saisissante encore. Le tableau ne nous
montre, en réalité, que des images déformées,
aplaties, projetées toutes sur une même surface.
Mais ce n'est pas ainsi qu'elles vous apparaissent. Vous savez bien que ces figures peintes
sur la toile ne sont que de simples représentations, et ce que vous vous efforcez d'y voir,
c'est l'objet même qu'elles représentent, tel
qu'il vous apparaîtrait dans la nature. Alors, de
véritables suggestions s'opèrent ; les figures,
prenant un étrange relief, semblent se détacher
de la toile ; les fonds se reculent ; les lignes
fuient dans de nouvelles directions ; un losange
devient un carré, une ellipse se change en cercle,
un triangle devient une allée aux trottoirs parallèles. Les nuances se modifient sous l'influence de l'interprétation. Cette traînée de
violet cru ne nous semblera plus qu'à peine
bleuâtre, quand nous aurons compris qu'elle
représente une ombre portée ; ici, où nous
croyons voir un si joli ton de chair, nous pou-

vons nous assurer, en y regardant de plus près, qu'il n'y a qu'un brun assez lourd. C'est ainsi qu'avec ses couleurs mates et opaques le peintre arrivera à nous rendre le lustre de la soie, le fini de la dentelle, l'éclat de l'acier, la transparence du cristal, la limpidité de l'eau, les nuages légers et lumineux qui passent dans l'azur du ciel. Comment pourrions-nous voir tout cela dans un tableau, si nous le regardions d'un œil froid et positif ? Entre la figure peinte en réalité sur la toile et la chose représentée, il y aurait un monde.

Pour l'idée et la composition de l'œuvre, l'artiste veut être de convention avec nous autant que pour la partie technique et en quelque sorte matérielle. Voyez le beau Meissonier de la collection Chauchard, *1814*. Napoléon à cheval s'avance suivi de ses maréchaux silencieux qui se couvrent de leurs manteaux contre les rigueurs de la saison. Lui, seul sans manteau, songe ; il est tout à son génie ; on sent qu'il porte en lui la destinée de la France. En contemplant ce visage pâle sur lequel on devine, malgré le malheur, tant de vastes projets, ce regard perdu dans l'espace, comme l'empereur nous songeons, nous voyons l'épopée nationale finir dans un indicible deuil et dans un dernier rayon de gloire. Nous voyons la France envahie, l'Empire qui croule, Waterloo, Sainte-Hélène : rien de tout cela n'est peint par Meissonier qui est pourtant, vous le savez, l'exactitude même ; on ne voit pas le rêve douloureux dessiné dans le ciel ; mais il y est, et c'est nous qu'il a chargés de compléter son œuvre, car c'est dans notre âme et non sur la toile qu'il l'a voulu peindre, le rêve qu'évoque ce seul chiffre placé sous le tableau : *1814*.

Ainsi, poésie, charme des yeux, plaisir de l'âme, joie du cœur, joie de l'esprit, l'art nous apporte tout cela, ou il doit, s'il ne veut se mentir à lui-même, nous être cause de toutes ces joies. N'est-ce pas assez pour que nous l'aimions, pour que nous lui donnions une place, une large place dans notre vie. Par lui s'ouvre un coin du ciel sur cette terre où nous passons en nous traînant. Il est la halte et le repos ; il est le rayon qui console ; il est le sourire dans les larmes ; il est l'aurore du plein jour qui viendra, il est l'annonce de l'éternelle extase qui nous possédera quand face à face nous serons les spectateurs enivrés de l'éternelle beauté.

Je ne veux pas m'étendre davantage : le charme que j'aurais à vous parler encore ne m'empêche pas de penser à l'inquiétude que vous auriez de voir l'heure s'avancer. Nous continuerons, si vous le voulez bien, à notre prochaine conférence le développement de notre sujet, qui serait vraiment bien incomplet, présenté ainsi, puisque nous n'avons étudié que deux des sentiments qui entrent dans l'émotion esthétique. Ceux qu'il nous reste à analyser n'offriront pas, je l'espère, moins d'intérêt.

L'ART ET LE VRAI

L'ART ET LE VRAI

Le troisième élément d'émotion, la troisième part d'amour que nous trouvons dans l'émotion esthétique, dans l'amour du beau artistique, est l'amour du vrai.

Il est de toute évidence que l'art ne doit se confondre ni avec la science qui a pour domaine les faits, ni avec la logique qui est, comme on sait, l'art d'arriver au vrai. Le vrai ne suffit pas pour arriver à l'art. Un art qui serait purement instructif ne serait pas de l'art : ses figures, ses dessins, ses emblèmes, auraient leurs places marquées dans une encyclopédie ; ses moulages, dans une classe de physique, de géométrie, d'anatomie ; un musée, si mal protégé qu'on soit en droit de le supposer contre les invasions barbares, n'en voudrait jamais.

Mais l'art soutient cependant avec le vrai des rapports étroits qu'il est intéressant d'étudier quand on cherche, comme j'essaie de le faire avec vous, ce qu'est l'art et quels éléments concourent à former l'idée exacte qu'il convient de s'en faire. Définir, en particulier, les relations

de l'art avec la nature, serait, s'il était possible
de pousser assez loin l'analyse, la véritable méthode pour arriver à une définition très approchante de l'art, pour projeter une lumière très
vive sur cette notion si difficile à dégager.

Nous faisions la dernière fois le rêve tout à
fait irréalisable de je ne sais quel palais de fées
où l'on aurait réuni tout exprès pour les habitués
de ces conférences les plus beaux chefs-d'œuvre
des peintres, des sculpteurs, des orfèvres, des
décorateurs les plus fameux. C'était, hélas !
un rêve : un tel paradis de l'art n'existe pas. Il
faut nous contenter de beaucoup moins. Il n'est
pas même permis à la plupart d'entre nous
d'être comptés parmi les heureux qui s'en vont à
Venise, à Florence, à Rome, goûter dans ces
admirables centres artistiques, au contact des
grands génies, les plus pures jouissances qu'il
soit donné à l'homme de connaître.

Ne nous plaignons pas trop cependant : Paris
n'est pas très loin de Chartres, et Paris possède,
n'ayons pas peur de le dire (au risque de paraître un peu vieux jeu en goûtant ainsi ce qui
est près de nous, ce qui est à nous, ce qui est
à la portée de tous), Paris possède une des plus
belles collections artistiques du monde, le
Louvre. Êtes-vous allées quelquefois au Louvre,
Mesdames ? Je ne veux pas parler, vous m'entendez bien, de ces magasins immenses où vous

ont conduites souvent vos préoccupations de maîtresses de maison accomplies et de ménagères entendues, quelquefois aussi, excusez mon indiscrétion, la curiosité qu'on dit sommeiller en toute femme pour les modes nouvelles et le passionnant chiffon. Non, il y a un Louvre sous lequel vous êtes passées pour gagner l'autre et que vous ignorez peut-être. C'est dommage, je vous assure ; si vous me croyez, vous voudrez regagner vite le temps perdu. A votre prochain voyage, vous voudrez connaître ce Louvre-là, et vous prendrez aux occupations pratiques ou à la frivolité une heure que vous irez passer dans la galerie d'Apollon, ou bien à la collection Chauchard, ou encore dans les admirables petites salles de l'Ecole hollandaise.

Vous, Messieurs, vous avez vos affaires ! Et les affaires, je crois que nous l'avons dit déjà l'autre fois, mais cela n'a pas changé depuis huit jours ; c'est encore vrai aujourd'hui : les affaires, hélas ! sont les affaires. Elles nous prennent tout entiers, elles nous prennent tout. Elles nous volent notre vie, et bien rares sont les hommes avisés qui savent leur soustraire quelques moments de répit, quelques heures où l'on vive pour soi, rien que pour soi, pour son âme, pour son cœur, pour ses yeux, pour sa pensée d'homme, pour son plaisir, j'entends l'unique, le vrai plaisir de l'homme, celui qu'il goûte quand il est mis en contact avec le beau pour lequel il est fait et dans lequel il trouve le repos en même temps que l'activité la plus haute de ses facultés d'homme. Ce repos et cette mise en action de vos énergies intimes, allez, Messieurs, allez, Mesdames, les chercher au Louvre. C'est un des meilleurs endroits qu'on puisse trouver pour cela.

*
* *

Et que trouverez-vous dans cette visite ? C'est ici que je voulais en venir : Vous trouverez la nature. « Quoi, me direz-vous, la nature ? Quelle idée ? Est-ce donc dans un musée qu'il faut aller pour la rencontrer ? Ne savons-nous pas que c'est à la campagne, dans les grands bois, dans une vallée aux prairies ombragées, sur les bords de la mer en face de l'infini où se meuvent les flots, au milieu des montagnes dont les sommets se perdent dans le soleil, dans la solitude et le silence des espaces ? Et cela, c'est pour la nature physique. Et quant à la vérité humaine, ne la trouve-t-on pas dans la vie ? Qu'est-ce qui peut bien ici remplacer l'observation directe ? La foule qui grouille dans les rues populeuses ne m'offre-t-elle pas, si je suis curieux de pittoresque, beaucoup plus de types intéressants et des types beaucoup plus

intéressants que tous les tableaux du monde ?
L'enfant n'est-il pas mille fois plus beau dans
la liberté de ses ébats et de ses jeux sans fin
que lorsqu'on le voit emprisonné et comme
figé sur une toile entre les quatre montants
d'un cadre doré ? La femme qu'on a crue ou
qui s'est crue assez belle pour les honneurs de
la cimaise, n'est-elle pas la plus belle, quand elle
l'est, dans sa réalité vivante ?

Laissons de côté pour le moment la question
de savoir si la nature est plus ou moins belle
dans l'art qu'elle n'est en elle-même. Toujours
est-il qu'elle est tout entière dans l'art. C'est
elle qu'on y trouve partout et toujours. C'est
elle qu'on y cherche aussi, et elle toute seule.
C'est elle qui s'épanouit, qui vit, qui se meut
dans l'art ; elle, qui lui donne tout : son âme,
ses souvenirs, ses amours, ses voluptés, ses
souffrances, ses héroïsmes, son histoire toujours
recommencée, jusqu'à la mort même où elle
s'abîme. Entrons plutôt au Louvre et vous
verrez.

Vous aimez la belle nature, dites-vous ;
quand vous voyagez, vous ne laissez pas
échapper un coin curieux ; les beaux paysages
vous transportent ; rien ne plaît tant à vos
yeux que les mille couleurs qui se jouent dans
la plaine sous les chauds rayons du soleil.
Comme Mme de Sévigné, vous aimez les arbres :

vous seriez prête comme elle à discuter sur les
nuances de vert dont se parent leurs feuilles aux
heures différentes du jour, bien qu'il y ait là
peut-être à mon sens un rien de préciosité. Je
ne voudrais pas trop vous parler du matin à la
campagne ou dans les bois, de peur de vous dé-
concerter un peu ; mais le soir vous est bien
connu et vous en avez plus d'une fois goûté le
charme pénétrant. Il y a au Louvre je n'ose
vous dire le chiffre exact, mais c'est certainement
plusieurs centaines de paysages. L'Ecole française moderne y est représentée par je ne sais
combien de chefs-d'œuvre. Il suffit de citer des
noms comme ceux de Millet, de Rousseau, de
Jules Dupré, de Daubigny, de Troyon, de De-
camps, que sais-je encore ? de Corot, le plus
grand de tous, pour vous donner une idée de la
place qu'occupe la représentation de la nature
physique dans les arts plastiques.

Dans la sculpture, je le sais, dont le domaine
semble plutôt réservé à l'image humaine, sa part
est beaucoup moins grande : la sculpture, n'ayant
point à son service, ou très peu, l'illusion de la
perspective, ne peut présenter à nos regards une
partie assez étendue de l'espace pour que ce soit
vraiment un paysage ; les groupes les plus con-
sidérables de la statuaire tiendraient dans quelques pieds carrés. Pour un paysage, il faut sinon
toujours l'immensité de l'horizon, au moins la

place de plusieurs arbres, d'une chaumière, d'une cour de ferme, d'un étang ; la peinture, qui n'a d'autres limites que celles de l'horizon, a l'ambition de reproduire toute la nature. Elle est comme une nature en double. Où trouver une contrée, un coin qui ait échappé à sa religieuse et toujours avide curiosité ? Pour ce qui est de la France notamment, je crois qu'on pourrait illustrer une géographie pittoresque avec des reproductions des tableaux de maîtres tirés de nos musées publics ou des collections particulières, et ce ne serait point assurément une géographie banale.

Voulez-vous me permettre de vous donner une liste de quelques tableaux dont j'ai fait le relevé soit au Louvre, soit au Luxembourg (ceux-ci naturellement d'une valeur bien moindre en général ; il ne s'agit pas ici, du reste, de la valeur, mais seulement du sujet traité), liste qui ne sera pas trop fastidieuse, je l'espère, malgré sa longueur, car elle évoque rien qu'à la lire je ne sais combien d'images riantes : elle va vous donner peut-être la même humeur voyageuse que je me suis sentie quand je l'ai dressée pour vous. On comprend ainsi quel beau voyage artistique il y aurait à faire dans notre admirable pays, si l'on savait voyager, si l'on savait voir. Vous comprendrez surtout que l'art est une seconde nature, qu'il est une véritable reprise de la nature, comme si l'homme, en la copiant sous tous ses aspects, voulait en faire pour ainsi dire une nouvelle création et devenir ainsi en quelque manière lui-même l'auteur de ce qu'il admire dans l'œuvre du Divin Artiste.

Voici donc mon petit musée géographique sans autre ordre que le hasard de la promenade où j'en ai recueilli les pièces. J'ai trouvé au Louvre plusieurs paysages de la Beauce, du Gâtinais ou de Normandie : *les Glaneuses, l'Angelus, l'Eglise de Gréville*, de Millet ; puis *les Vendanges en Bourgogne*, de Daubigny ; de Daubigny encore : *Coin de Normandie, les Graves de Villerville* ; de Rousseau: *Sortie de forêt à Fontainebleau, le Vieux Dormoir du Bas-Bréau à Fontainebleau, le Marais dans les Landes, la Plaine des Pyrénées, les Bords de la Loire* ; de Corot : *la Route d'Arras, le Chemin de Sèvres* ; de Jules Dupré : *les Landes, un Pâturage de Normandie* ; *les Pyrénées*, de Diaz de la Peña ; *l'Etang de Ville-d'Avray*, de Cabat ; *Environs de Paris*, de Flers ; de Paul Huet : *Coucher de soleil à Seine-Port.*

Et au Luxembourg (je vous épargne les noms d'auteurs) : *la Montée du Petit-Saint-Bernard, Port d'Alger au crépuscule, la Marne près de Saint-Aulde, le Port de Bordeaux, Crue sur le Loir, un Soir dans l'Oise, Terrains de culture en Flandre, Terrasses de Laghouat, Vue d'Avignon en décembre, Canal flamand, Noce en Bretagne, Vues de Roussillon, de Provence, Vue de Paris prise des Moulineaux, un Torrent dans le Var, les Glaneuses à Chambeaudoin (Loiret), Versailles, Paris vu du pont des Saints-Pères, la Seine, Embouchure de la Loire, le Transport la Corrèze quittant la rade de Toulon, le Port de la Rochelle par le gros temps, la Chaîne du Jura, Ville-d'Avray l'hiver.*

C'est un vrai tour de France que nous venons de faire. N'est-ce pas qu'il y a là autre chose vraiment qu'une nomenclature ? Vous avez compris, j'en suis sûr, comme moi que chacun de ces noms de pays éveillait l'idée d'un contact contrôlé et officiel de l'Art avec la nature. Cela me rappelle, je ne sais pourquoi, quatre vers de *Chantecler* :

> Je ne chante jamais que lorsque mes huit griffes
> Ont trouvé, sarclant l'herbe et chassant les cailloux,
> La place où je parviens jusqu'au tuf noir et doux !
> Alors, mis en contact avec la bonne terre,
> Je chante !

Ainsi, Mesdames, l'artiste, non point comme le grand coq pour faire lever l'aurore, non point dès les débuts de l'histoire de l'Art, mais en ces derniers temps surtout, et dans la pleine lumière et dans tout l'éclat de sa gloire, s'attache avant tout à la nature ; il en prend possession ; c'est un conquérant qui veut à lui tout le pays, qui s'empare l'une après l'autre de toutes les provinces et qui signe après chaque conquête un bulletin de victoire.

Je n'ai pas besoin d'ajouter qu'un grand nombre de paysages ne portent pas de nom de pays et ont cependant été composés d'après nature : je crois que surtout depuis le siècle dernier il y a fort peu de sujets purement imaginaires.

Enfin, même dans les tableaux qui traitent un sujet légendaire, historique ou religieux, quelquefois même dans les portraits, le paysage a sa place encore, soit qu'il serve simplement de fond et, pour ainsi dire, de cadre au sujet, soit qu'il intervienne pour une opposition utile d'idée ou de lumière, soit enfin qu'on l'ait mis pour le simple agrément.

Il y aurait tout un livre à faire, et assurément un livre fort intéressant, sur les « fonds » en peinture. On remarque, dès les premiers temps de la peinture, dans les Primitifs les plus anciens, des essais fort curieux d'adaptation du sujet à la nature ambiante ; cela a tout de suite semblé une nécessité ; tout de suite on a voulu être vrai, et on n'a pas cru qu'on pourrait l'être sans le paysage, et depuis cinq siècles on lui a fait la part plus large ; on l'a travaillé avec plus de soin, jusqu'à ce qu'enfin on arrivât, comme les paysagistes modernes, à le traiter directement et pour lui-même. Assurément, les efforts des Primitifs sont loin de la perfection. Il y a peu de proportions et, malgré le cri fameux de Paolo Uccello, point de perspective. Dans le *Saint-François d'Assise* de Giotto, il y a cinq arbres, deux églises, une montagne ; le saint est beaucoup plus grand que les deux églises qui sont pourtant au même plan que lui ; la montagne le dépasse un peu, mais elle est entièrement couverte par les cinq arbres ; le chemin qui mène au haut de la montagne en occupe plus de la moitié. *Le Calvaire* de Mantegna nous offre les mêmes étrangetés : une montagne cachait Jérusalem : on l'a coupée en deux pour laisser voir la ville. Dans *le Parnasse* du même auteur, Mars et Vénus sont au haut du Mont sacré ; on les voit plus grands que les neuf Muses qui prennent en bas leurs poétiques ébats : en sorte que si l'on s'en tenait aux lois du dessin, le dieu des combats et la déesse que les muses ont le plus souvent chantée nous apparaîtraient comme deux bons géants.

Est-ce à dire que ces peintures ne méritent pas l'admiration dont elles sont l'objet, et qu'elles n'ont pas la valeur qu'on leur attribue généralement ? Je ne veux rien dire de pareil, et sans avoir pour les Primitifs le culte aveugle d'un enthousiasme exagéré, je les admire pourtant de tout mon cœur, et reconnais qu'ils ont montré déjà beaucoup des qualités qu'on verra fleurir chez les maîtres des siècles suivants et d'autres qualités qui ne sont qu'à eux. Aussi ai-je fait ces simples remarques sans intention de critique aucune, et seulement pour montrer qu'à cette époque déjà, si peu connue et si peu aimée que fût la nature, on ne pensait pas qu'on pût absolument se passer d'elle : on savait déjà qu'elle contient tout, qu'elle est partout.

On savait déjà que les principaux événements de l'histoire humaine se sont passés dehors. Pour ce qui est de la vie de Notre-Seigneur, qui a fourni le sujet de presque tous les chefs-d'œuvre de la peinture primitive, c'est à l'extérieur, c'est au grand air qu'elle s'est déroulée. Il est né presque dehors ; dans la fuite en Egypte il couchait à la belle étoile, très légèrement couvert du voile de la Vierge, pendant que Joseph veillait tout près sur le divin nomade ; peut-être a-t-il reposé, comme un peintre moderne l'a imaginé, entre les deux pattes du sphinx, un rayon de lune venant de derrière les Pyramides se confondre avec l'auréole de lumière échappée de l'Enfant qui dormait. Il a prêché dehors, entraînant après lui les multitudes le long des chemins, sur le bord des torrents, à travers les plaines de la Judée ; il a fait ses miracles dehors, dans les rues, aux portes de la ville, au haut du Thabor, sur le lac de Génésareth. C'est dehors aussi, c'est à la face du ciel qu'il est mort « pendant que la nature entière semble vouloir s'anéantir en voyant expirer son Créateur ». C'est dans le jardin qu'il apparaît à Madeleine, sur la route aux disciples d'Emmaüs, à saint Pierre près de la mer de Tibériade.

On devait donc à la vérité de laisser à cette nature que Dieu lui-même a partout associée à l'œuvre de la Rédemption, qui en a pour ainsi dire encadré tous les épisodes, une place dans les représentations que l'on faisait des mystères divins.

On allait même quelquefois plus loin que ne demandait le strict besoin de la vérité. Quand la scène se passe à l'intérieur, comme par exemple dans la *Visitation* de Ghirlandajo, la porte est ouverte et laisse voir au dehors un gracieux coteau, des arbres, des maisons, des palais. D'autres fois, c'est par la fenêtre que s'ouvre un jour sur le monde extérieur, et il n'y a rien de joli, de naturel, d'agréable aussi à notre curiosité comme ces vues sur la rue ou sur le jardin. Au théâtre, vous avez éprouvé quelquefois le vague désir qu'il y ait quelque chose encore de l'autre côté de la coulisse ; et de savoir qu'il n'y avait rien cela vous déconcertait, et retirait un peu de l'illusion. L'artiste, lui, n'a pas peur d'ouvrir la fenêtre : sans cette précaution, vous penseriez

assurément qu'il y a de l'autre côté du mur encore
beaucoup de choses à voir ; mais pour être plus
sûr que vous le pensiez, pour que vous le sachiez
bien, pour que vous soyez certain que la maison, le palais ou le temple qu'on vous montre
est un vrai temple, un vrai palais, une vraie
maison, que tout cela a une place bien réelle,
que tout cela existe au milieu d'une nature bien
définie, absolument comme les maisons dans lesquelles vous entrez tous les jours, que vous
habitez, il vous fait constater à vous-même, il
vous prend à témoin, pour ainsi dire, que c'est
bien vrai ; et il a conscience ainsi de vous placer de force, de vous situer dans le réel et de
remplir une des conditions essentielles à l'art,
de fournir un des éléments les plus puissants de
l'émotion esthétique : la vérité dans la représentation de la nature.

Et il répond même ainsi, sans le vouloir peut-
être, mais par une sorte d'instinct, à un besoin de
vérité psychologique. Pourquoi une scène qu'on
nous représente enfermée entre les quatre murs
d'une chambre, d'un appartement, d'une salle
quelconque, risque-t-elle de nous apporter peu
d'intérêt, de nous sembler froide, factice, con-
venue ? C'est que même quand nous sommes
au dedans, nous sommes presque toujours au
dehors en quelque manière : par nos souvenirs,
par nos imaginations, nous vivons toujours

dehors ; nous sommes tous des nomades et des bohèmes de la vie mentale.

Assis au coin du feu, la fenêtre hermétiquement close, perdus, semble-t-il, dans la solitude la plus complète, c'est alors que nous partons, que nous errons par les rues de la ville, puis à travers les champs ; puis nous refaisons tous nos anciens voyages : nous sommes à Paris, en Bretagne, en Normandie, en Suisse. Si nous n'allons pas tous les jours aussi loin, on peut dire que nous habitons autant et plus que la maison même, son entourage, la cour, le jardin, le parc, les bois, tout le paysage familier qui est à nous, dont nous sommes ; qui contient en lui quelque chose de notre vie, de nos habitudes; qui semble rire dans notre joie et s'attrister quand nous pleurons ; qui a vu nos jeux d'enfants, qui s'embaumait de nos premiers rêves et s'éclairait de nos jeunes espoirs ; où passèrent les joyeuses escortes de nos jours de fête, comme les cortèges silencieux et noirs des jours de deuil. « C'est là que que je voudrais vivre ! » chante Mignon. Mais c'est là que nous vivons tous et toutes. Et c'est pourquoi il manque quelque chose à l'Art quand cela manque ; c'est pour cela que le Primitif ouvre la fenêtre ; c'est pour cela que l'Immortel auteur de la *Joconde*, Léonard de Vinci, laisse apercevoir derrière Monna Lisa, cette femme au sourire si plein de

rêve, tout un paysage sauvage et triste, comme
s'il avait voulu nous faire suivre les mille replis
tortueux de la pensée dans le cours de ce fleuve
qui déroule à travers des rochers escarpés, le
ruban contourné de ses flots d'argent. Voilà
pourquoi encore nos portraitistes du xviii° siècle
ont écarté le rideau ou la tenture flottante qui
encadraient à l'âge précédent la grande dame
qui avait voulu pour peintre un Rubens, un Van
Dyck, un Largillière.

« Au siècle de Rousseau, dit Robert de la
Sizeranne, les fonds s'éclairent ; quelque chose
de la nature apparaît derrière les chignons
poudrés et les engageantes à triples prétintailles.
Regardez les Nattier, notamment le portrait de
Mme de Flesselles, ou les Van Loo. Les architec-
tures et les tapisseries ont disparu : nous sommes
en pleins champs ou en plein ciel. Des roseaux
croissent, des feuillages s'abaissent, des ondes
coulent, des horizons bleuissent. Sur les mains
désenlacées, des oiseaux chimériques se posent.
Des nuages roses, gris-de-perle, ambre doux, passent sur les têtes nues. C'est le jour qui se lève,
jour indécis, trompeur, fade clarté d'aube sur
un bal finissant, mais c'est le jour tout de même.
Il fait pâlir les bougies qui éclairaient la nuit.
On voit que quelque chose vit dans le monde,
autre que l'homme ; qu'une âme y balbutie unie
à notre âme et que pendant la nuit de jeu ou la

nuit de plaisir un mystérieux échange se faisait de forces et de sèves entre les plantes qui respiraient et les atmosphères qui changeaient d'heure en heure, nous préparant pour le jour suivant la moisson, le pain, le vin, la vie ».

*
* *

J'aurais encore beaucoup à vous dire sur la question de la représentation de la nature physique dans les œuvres d'art. Nous n'avons pas parlé de la place qu'elle occupe dans les arts décoratifs : ce serait cependant une étude fort intéressante à faire. Je vous aurais montré que la nature tout entière habite encore et remplit tous ces arts : orfèvrerie, ameublement, tapisserie, céramique. Elle ne leur fournit pas assurément de grands sujets d'ensemble qui n'auraient pas là leur place ; mais ils lui doivent mille motifs de détail et presque tout ce qui fait le fond de la décoration proprement dite. Avez-vous remarqué que les dessins caractéristiques auxquels on reconnaît le style et l'époque des meubles français sont précisément empruntés à la nature ? Le Louis XIV a des feuilles de palmes ou des roseaux allongés et recourbés ; le Louis XV, la coquille Saint-Jacques ; le Louis XVI, les guirlandes de roses retenues gracieusement par un nœud de ruban.

Dans la sculpture du moyen âge, et surtout au

xv⁰ siècle, on a tellement employé de toutes façons les fleurs et les plantes pour l'ornementation qu'on a pu dans des ouvrages spéciaux dresser une véritable flore des cathédrales. Certaines voûtes ouvragées, comme dans le clocher neuf de Chartres, rappellent des berceaux de jardin ; des feuilles, des fleurs, courent le long des galeries comme sur des plates-bandes. Comme pour montrer que c'était bien la nature qu'on voulait reproduire, rien qu'elle, pour elle-même, pour le seul plaisir de la créer à nouveau, on lui prenait tout indistinctement ; la valeur esthétique des plantes ne compte pas ; une seule préoccupation intervient : ces plantes existent-elles dans la nature, surtout dans la nature du pays, dans celle qui nous fait vivre, alors peu importent leur valeur et leurs ressources artistiques : elles sont bonnes pour l'art ; puisqu'elles sont bonnes dans la grande nature, elles seront bonnes aussi, et par conséquent belles, dans la petite nature de pierre que nous créons pour le Dieu qui a fait l'autre pour nous.

Et alors les artistes y vont de bon cœur : ils font non seulement de la vigne, si belle déjà et si riche en ornementation quand elle dessine le long de nos murs de bauge les capricieuses arabesques de son tronc noueux, avec ses larges feuilles, dont elle s'habille comme faisaient de leurs falbalas les coquettes du

XVIIIe siècle, ses vrilles en papillotes et ses grappes pendantes ; mais autour d'elle, qui revient le plus souvent, il y a des pommes, des poires, des prunes, des cerises ; puis des choux, des salades, des navets, des carottes, des pissenlits, de la rhubarbe ; et pour les fleurs, des pervenches, des violettes, des chélidoines, des renoncules, des pâquerettes.

La renaissance, pourtant si rationaliste, si sobre, si classique, si loin, semble-t-il, de la vraie nature, a compris toute la richesse ornementale qu'elle pouvait tirer de cette reproduction de la nature, et, après un instant d'hésitation, elle accepta franchement l'héritage que lui laissait le XVe siècle et, répudiant l'Art gothique pour tout le reste, il semble qu'elle ait voulu par là le continuer. C'est ainsi qu'autour du chœur de la cathédrale vous retrouvez les mêmes plantes que dans les nervures du clocher ; sans doute, elles sont mêlées à toutes sortes de fantaisies et de souvenirs classiques ; elles sont un peu perdues dans le fouillis du dessin ; le jardin est devenu moins nature et plus apprêté, mais enfin elles y sont : les fruits remplissent les cornes d'abondance et les compotiers ouvragés ; les fleurs se tiennent en guirlandes tout le long des colonnettes.

Nous parlions d'une géographie qui reproduirait les grands paysages ; vous voyez qu'on pour-

rait aussi composer une botanique artistique : je
ne dis pas qu'elle serait aussi complète que
l'autre, et malgré le travail souvent très savant
et très fini de l'artiste, on ne pourrait lui demander des anatomies et des descriptions aussi
exactes ; mais est-il si nécessaire à la botanique
elle-même de se perdre dans toutes les subtilités de la science pour nous donner l'autre,
connaissance commune et suffisante des fleurs
et des plantes qui nous intéressent ? M. Gaston
Bonnier, un des représentants les plus auto-
risés à l'heure actuelle de la science botanique,
ne le pense pas, et il a publié une flore où,
laissant de côté les appareils de dissection et les
analyses, il apprend à reconnaître les fleurs par les
caractères extérieurs et visibles. Un nom comme
le sien est une autorité suffisante ; et, si les plantes
qui vivent dans les tapisseries et les tableaux,
sur un plat de vieux Rouen, si les fleurs de
bronze des meubles, des consoles, des pendules, des chandeliers, des appliques, si les
fruits de pierre dont les lourdes grappes pen-
dent aux tours des cathédrales ou enguirlandent
les portes des châteaux de la Loire, sont de vrais
fruits, de vraies fleurs, de vraies plantes, alors
à quoi bon chercher autre chose : une fois de
plus nous avons contrôlé, pour ainsi dire,
reconnu officiellement et légitimé l'union de
l'art et de la nature.

*
* *

Je voudrais vous faire constater maintenant l'union beaucoup plus intime encore, et combien plus intéressante pour nous, de l'art avec la nature humaine, avec la nature vivante. La vie, c'est tout dans la nature ; le reste n'est que pour la servir. En dépit des théories évolutionnistes qui placent l'homme simplement à son rang dans l'échelle des êtres, longtemps encore il sera le roi, le dieu, le centre du monde ; tout est pour lui, tout tend vers lui, tout le sert : rien ne serait sans lui.

Revenons au Louvre, et vous verrez que dans l'art aussi l'homme, l'homme vivant, domine toute la nature. La nature, nous l'avons vue dans le cadre, pour ainsi dire, de l'œuvre d'Art; nous l'avons vue par la porte ou par la fenêtre. Celui qui est tout, celui qui est partout le vrai sujet, celui qui est l'idée, qui occupe tout le tableau, vers qui tout le reste tend, c'est l'homme. Rarement il est absent ; rarement on a pu faire sans lui une image grande ou petite de la nature ; les grands paysagistes l'ont mis toujours dans quelque coin. « Un paysage est un état de l'âme, » a-t-on dit : il faut donc lui mettre une âme ; l'âme, c'est quelquefois celle d'un promeneur solitaire qu'on assoit sur le rocher

tout jaune et tout violet de mousse ; c'est quelquefois celle du vieux berger qui joue au pied
d'un chêne quelque romance ancienne sur ses
pipeaux de jonc comme dans *Souvenir d'Italie*
de Corot. C'est celle du gardeur de vaches qui
dans la *Forêt de Fontainebleau* de Th. Rousseau regarde ses bêtes boire dans l'étang qu
commence la plaine.

Même quand il paraît absent, l'homme est
là toujours ; dans une nature morte, il y est, soit
qu'il ait passé, soit qu'on l'attende. Qui a tué
tout ce gibier qui s'étale poil ou plume sur la
table ? Qui a cueilli ces fleurs ? Pour qui ? Et
ces poires ? Et ces raisins ? Et ces deux verres
dont un est à moitié plein ? et ces tasses à thé
qu'on sent brûlantes du chaud liquide ? Pour
qui tout cela sinon pour celui, pour celle qui va
venir, qui est là, tout près, derrière la porte,
ou bien pour tous les deux ?

Mais les natures mortes ne sont qu'une partie
de l'art et non' pas, convenons-en, la plus belle
ni la plus digne de lui : si l'homme y est caché
et ne s'y laisse qu'entrevoir, partout ailleurs il
règne, il remplit tout, il se montre en pleine
lumière.

C'est tout d'abord son être physique. L'un des
quatre grands arts, la sculpture, n'a pas d'autre
objet que la plastique humaine ; les maîtres de
la sculpture, les Grecs, ne cherchèrent pas autre

chose. Nul peuple ne fut plus sensible à la beauté physique que les Grecs ; nul n'eut un sentiment plus vif et plus désintéressé de la beauté aimée et désirée pour elle-même, et on peut dire qu'ils y apportaient une sorte de respect religieux. Ils ont reproduit la forme humaine avec une merveilleuse exactitude anatomique et physiologique. Non seulement tous les muscles sont à leur place, mais leurs saillies sont différemment accentuées pour un même muscle selon la nature du mouvement. Cependant ils n'ont jamais fait d'études anatomiques proprement dites. Le respect de la mort, si profond dans l'antiquité, interdisait la dissection aux médecins eux-mêmes. Les plus curieux en étaient réduits à disséquer des quadrupèdes pour conclure à l'homme par analogie. Mais l'habitude générale des exercices gymnastiques dans les édifices publics familiarisait l'artiste avec l'étude précise des formes en mouvement et lui permettait d'apprendre l'anatomie plastique sans avoir besoin d'étudier l'anatomie scientifique qui, poussée trop loin, peut avoir ses inconvénients, quand elle entraîne le peintre ou le sculpteur, comme on l'a vu plus d'une fois, à faire étalage de sa science.

Il y a au Louvre une merveilleuse collection de chefs-d'œuvre de la sculpture grecque. Ce que j'y admire le plus, pour ma part, c'est

l'extraordinaire souci de la vérité qui se remarque en tous ; c'est par-dessus tout l'expression de la vie et du mouvement qu'ils ont
recherchée avec amour. Dès qu'on a trouvé, a
dit quelqu'un, que l'homme marchait et que ses
pieds n'étaient jamais sur le même plan, et dès
qu'on fit passer cette idée dans le marbre, la
sculpture était créée ; et elle n'a pas fait autre
chose, depuis ses origines, que de mettre dans
la pierre et dans le marbre toujours plus de
marche, toujours plus de mouvement, toujours
plus de vie.

Je voudrais vous montrer la nature prise
ainsi sur le vif dans les principales œuvres
des maîtres grecs, mais le temps me manque,
comme aussi la représentation des ouvrages que
vous n'avez pas peut-être assez présents à l'esprit.
Mais vous vous rappelez sûrement la *Vénus de
Milo*, si belle et si pleine de santé juvénile et de
sereine beauté. Peut-être connaissez-vous aussi
Diane chasseresse, *Hermès attachant sa sandale*,
le *Faune à l'Enfant*, la *Course d'Atalante*.

De toutes, celle qui est le plus en mouvement,
c'est certainement la *Victoire de Samothrace*,
qui bondit sur une proue de pierre au haut de
l'escalier Daru. La base est un magnifique bloc,
un soubassement formidable en forme d'avant
de navire, une proue solide et massive. Et pourtant, malgré le poids, malgré l'épaisseur, on y

sent le soulèvement de l'eau, par la belle ligne
souple d'une courbe relevée. Haute comme une
fortification, effilée pour couper les lames,
l'éperon haut, munie de nageoires comme un
poisson, cette proue de pierre semble déjà venir
vers le spectateur d'un mouvement rythmique.
Qu'est-ce donc, lorsqu'on regarde la *Victoire*
qui s'avance, qui court, qui vole sur l'étroite
plate-forme ? Elle est sans tête, sans bras, sans
pieds, mais elle a un corps et des ailes, et elle vit.
Le buste court et svelte, la tunique collée au
corps comme si elle était mouillée d'eau de mer,
un port de jeune déesse : tout cela, c'est la
grâce. Et voici l'énergie dans les longues jambes
qui parcourent le monde et dans ces terribles
ailes, courtes, musclées, rebroussées, colère ;
des ailes capables d'enlever jusqu'aux nuages le
corps de pierre. On devine le bateau poussé par
un grand vent frais, coupant la lame, la mousse
qui jaillit, effarant les mouettes et les dauphins
de sa course folle. Mais la *Victoire*, impatiente à
l'avant, frémit, ouvre ses ailes, et s'élance pour
arriver plus vite encore. Cette femme vit, son
sein respire, et c'est elle vraiment qui entraîne
à sa suite le vaisseau qui l'emporte. La lourde
masse de pierre, prisonnière de la pesanteur, par
la magie de l'Art, par la vertu de ces ailes divines, semble voler sur les flots. Ces ailes fré-
missantes, dit Gustave Geffroy, ces draperies

envolées, font sentir le coup de vent de la course de la victoire. On a la sensation de l'espace. C'est l'essor de la matière.

Nous disions que l'homme est un créateur, quand il reproduit la nature dans l'art ; ne croyez-vous pas qu'il l'est beaucoup plus vraiment, et plus puissamment, quand c'est l'homme lui-même qu'il crée, quand c'est à l'homme lui-même qu'il donne une vie, image si frappante et reprise si ressemblante de la vraie vie ? Ne pourrait-il pas, comme la légende le rapporte d'un sculpteur ancien, s'y méprendre lui-même et, tombant à genoux devant son œuvre, l'adorer comme une divinité ou l'aimer comme une compagne ?

Je n'ose pas nommer ici les admirables sculpteurs italiens de la Renaissance, tant le Louvre est pauvre de leurs œuvres.

C'est à Rome et à Florence qu'il faut aller pour les connaître ; mais alors, si on voulait voir tout et parler de tout, on n'y pourrait plus suffire. Je n'ai qu'un exemple à vous montrer ; mais il tombe absolument dans notre sujet, car il est impossible d'exprimer la grâce humaine, le mouvement et la vie mieux que ne l'a fait Luca della Robbia, le grand sculpteur florentin, dans ce bas-relief composé pour la tribune ou cantoria de l'orgue de Sainte-Marie-des-Fleurs (Dôme de Florence). Sont-ils en marbre ces petits chantres ou sont-ils vivants ? On ne saurait le dire ou plutôt non, on n'hésite pas, on les proclame vivants, et ils le sont. C'est la joie de vivre, et de vivre à Florence, qui rayonne en eux. Couronnés de roses, comme il sied aux petits habitants de la cité fleurie, les cheveux au vent, ils se tiennent par la main et dansent en rond tout en chantant. Leurs pieds et leurs jambes se mêlent en un harmonieux désordre. Tout est en eux musique, grâce, eurythmie. Surtout, ils chantent ; à regarder leurs bouches grandes ouvertes, on croit qu'on va les entendre, on croit distinguer le son et le timbre de leur voix ; les seconds de chaque côté me semblent être des altos ; ceux qui sont en avant sont des soprani. En tout cas, ils chantent, ils chantent, ils s'en donnent à pleines gorges, à pleins poumons, et le chant, c'est la vie ! Jamais on n'a fait de plus beau ni de plus pénétrant commentaire de la parole du psalmiste : *Ex ore infantium.* De la bouche des enfants vous avez tiré votre gloire, ô Seigneur.

Michel-Ange est représenté à Paris par deux statues d'esclaves. Elles étaient destinées au tombeau de Jules II et furent laissées à l'artiste sur les instigations de Bramante. Magnifiques épaves ! Quel témoignage puissant de vie ! quel mouvement d'âme ! L'un des prisonniers s'étire, s'endort d'un sommeil las, accepté, qui est proche de la mort ; l'autre, les bras derrière

le dos, fait effort pour rompre ses liens et tout
son corps robuste frémit sous cette pression
douloureuse. Ces deux aspects de la douleur sont
également admirables, et il n'y a pas ici à comparer et à préférer. Michel-Ange a voulu exprimer la même pensée sous deux formes différentes : un corps jeune et alangui, un corps
viril et actif, une lassitude et un désir de vivre.
Il s'est égalé à l'antique par l'équilibre et la souplesse des formes, par la vie qu'il donne à ces
corps, et il a manifesté son propre génie toujours sombre et tourmenté par l'immobilité fié-
vreuse de l'un des deux captifs et l'agitation
ardente de l'autre, par l'état de passion qui
couve sous cette physionomie désespérée et qui
anime cette autre face levée pour la protestation
et la revanche (1).

Voyons maintenant la peinture ; quittons la
Victoire de Samothrace ; montons quelques
marches, nous sommes dans une des salles fran-
çaises. Regardez autour de vous : que voyez-
vous dans tous ces tableaux qu'on a suspendus
au mur ? Quoi ? mais des hommes, des femmes,
des enfants absolument pareils à ceux que vous
rencontrez. Je sais qu'il y a quelques différences :
pour quelques-uns, le costume est peut-être un
peu simple et nous ramène aux jours du paradis

(1) Gustave Geffroy, *la Sculpture au Louvre.*

terrestre. J'avoue, sans doute parce que je ne suis pas assez artiste, que cela me dérange de les voir ainsi ; tout d'abord, et je n'hésite point à le dire, parce que la vertu et les délicatesses du sentiment chrétien s'y trouvent quelquefois choquées. D'autres fois cependant, et j'accorderai en ceci tout ce qu'on voudra, elles n'y sont point intéressées à cause des intentions élevées de l'artiste, de l'idée noble ou classique du sujet, de la technique qui absorbe le reste. Mais, malgré les prétentions au naturalisme, au réel, qu'on affiche ainsi, moi, je trouve cela moins vrai qu'autrement. Les Grecs n'avaient pas nos craintes ni nos pudeurs : étaient-ils meilleurs que nous ? c'est douteux. En tout cas, pour eux, nous avons eu l'occasion de le dire déjà, les jeux athlétiques, une scène beaucoup plus libre, des mœurs peut-être plus primitives, rendaient plus vraisemblable une pareille représentation du corps humain. Pour nous, c'est autre chose, et je maintiens qu'il est plus vraisemblable et bien souvent non moins artistique, quand le costume y prête un tant soit peu, de vêtir l'être humain et de nous le montrer ainsi tel que nous le voyons tous les jours. Pour la question des rapports de l'art avec la vertu, qui aurait dû faire l'objet d'une de nos causeries sur l'art, je vous renvoie à une petite brochure de M. l'abbé Sertillanges, intitulée : *l'Art et la Morale*. Je ne pouvais pas

cependant me taire sur cela devant un auditoire chrétien comme celui-ci.

*
* *

Donc le monde de l'Art est habité : toutes les
fois que je suis entré au Louvre, j'ai toujours vu
beaucoup plus de monde sur les murs que dans
les salles : pourquoi cela ? Ne serait-ce pas parce
que ce monde artistique paraît à beaucoup de
personnes un monde un peu figé, un peu idéal,
un peu retiré, un peu loin du bruit, loin des
plaisirs, loin des affaires, loin de tout ce qui
absorbe d'ordinaire les forces et l'attention de
notre esprit ? Quelles jouissances délicates on
trouverait cependant, si l'on savait quitter de
temps en temps le vrai monde, celui de la rue,
celui de la vie de tous les jours, celui des salons,
celui des potins, pour aller passer quelques
heures en tête à tête avec les personnes qui
vivent là dans ces cadres ! Car elles y vivent,
vous entendez bien. Elles sont vraies, elles exis-
tent, elles regardent, elles écoutent, elles parlent, elles se meuvent, elles agissent. C'est la vie,
c'est la parole, c'est le mouvement des âges
passés qu'elles nous montrent.

Je ne parle pas des tableaux à grande scène
sur lesquels on a brossé des batailles, des as-
semblées politiques, des couronnements, des
entrées triomphales : ils ont leur vérité aussi

et leur intérêt ; mais, pour connaître ces choses, l'histoire suffit ; elle est pleine de ces grands faits et nous les décrit plus en détail que ne peut faire la peinture ; le pittoresque même ne lui échappe pas, et un Michelet, si faux dans ses appréciations morales, nous fait voir une ville de moyen âge, une bataille, un grand événement historique comme en un tableau vivant.

Mais où sont les neiges d'antan ?

Mais la physionomie de ceux qui vécurent autrefois, mais leur image, leur beauté, mais leurs larmes ou leurs sourires, tout cela a fui ; le temps a tout emporté, tout effacé pour jamais.

Mais où sont les neiges d'antan ?

La vie intime, la vie familiale, la vie de tous les jours, que fut-elle à ces âges où il nous semble que nous aurions voulu vivre ? Avaient-ils alors les mêmes besoins, les mêmes habitudes que nous ? Si nous étions transportés dans ce monde qui a disparu, faudrait-il changer tout, faudrait-il n'être plus ce que nous sommes, et tout est-il perdu de ce qui a vécu ?

Mais où sont les neiges d'antan ?

Tout cela, toute cette vie qui fut avant nous, de laquelle découle la nôtre et qui par tant de

côtés en diffère, mais par tant de côtés aussi
s'en rapproche, l'art nous la montre : nous
n'avons qu'à ouvrir les yeux pour le voir. Et,
avouons-le, si artiste qu'on soit, si préoccupé
qu'on se prétende des qualités techniques de
l'œuvre artistique, à moins d'être un pro-
fessionnel blasé ou un snob prétentieux, c'est
toujours un peu cela qu'on va chercher et
qu'on trouve comme fond de l'émotion esthétique.

Ce n'est pas seulement, dit M. Robert de la Sizeranne, « la qualité des bruns ou des verts qu'on
scrute dans un tableau. C'est aussi les figures
disparues qu'on évoque et le sentiment qui
anima l'artiste. Chacun de nous a senti, à une
heure ou à une autre de ses explorations esthétiques, ce désir de revivre un instant avec des
visages disparus, de refaire route un instant
avec eux, de leur emprunter un instant leur
âme, et de prolonger ainsi notre vie en deçà
d'elle-même en l'enrichissant des émotions ou
des rêves, des enthousiasmes et des douleurs,
des vies ardentes qui nous ont précédés. Et bien
peu de ceux qui doivent à l'Art leurs plus hautes
jouissances peuvent affirmer que dans la visite
des chefs-d'œuvre ce fut seulement d'une sensation plastique qu'ils s'étaient enrichis et qu'ils
n'emportaient pas aussi une moisson du passé,
un sentiment confus des vies et des âmes dispa-

rues tel qu'aucun livre d'histoire n'aurait pu le
leur donner. »

C'est qu'en effet, parmi les jouissances qu'elle
nous donne, l'œuvre d'art éveille sur la vie des
sentiments de deux natures très distinctes :
d'abord des indications de faits : une *Annonciation* de Memling nous dit le meuble d'une
maison flamande du xvᵉ siècle : la fenêtre à
meneaux, le vitrail, la cheminée en hotte, la
potence en fer tournant pour le cierge, le lit à
pavillon, la suspension à poids, tout ce qui
émerveillait les yeux des générations lointaines
qui ont voulu, inspiré, regardé, aimé ce tableau.
Ensuite, il témoigne des sentiments de ces générations : la même Annonciation nous montre
l'idée qu'on se faisait de la sainteté à cette
époque, idée de calme, de recueillement, de
silence, de douceur. Par la figure de la Vierge,
par son maintien, par l'ordre extrême, la pro-
preté, la minutie de sa toilette, nous pouvons
augurer de l'idéal de la vie d'alors.

Vous le voyez, la vie, la vie, toujours la vie.
Voilà ce que l'art nous offre partout. Mais je
vous prie de remarquer que toute cette histoire
qui est dans l'art, l'art n'a pas voulu l'y mettre ;
il ne l'a pas cherchée ; s'il la cherchait, il se
renierait lui-même. Quand il l'a fait, on peut
dire qu'il a rompu tout charme ; ainsi personne
n'éprouvera d'émotion artistique vraie à par-

courir dans le palais de Versailles toutes les
galeries où sont exposées les œuvres d'Horace
Vernet : les mamans peuvent aller y promener
leurs petits pour leur apprendre l'Histoire de la
conquête d'Alger, mais elles-mêmes n'y trouve-
ront aucun charme. Non, ce n'est pas pour l'histoire, c'est pour la vie que l'art dépeint la vie :
c'est elle qu'il cherche et qu'il veut ; elle, et elle
seulement à qui il s'attache. La meilleure preuve,
c'est que nous nous plairions, si on nous en
offrait maintenant l'occasion (mais j'avoue
qu'elle est rare), à admirer dans un tableau des
peintures de notre vie moderne, à reconnaître
dans un portrait quelque personnalité contem-
poraine. Il a bien fallu que les contemporains
des grands peintres trouvassent quelque plaisir
à leurs œuvres pour prendre la peine de nous
les conserver.

J'espère que ces quelques considérations
vous aideront à mieux comprendre ce que c'est
que l'Art. Voir jusqu'à quel point il est soucieux
du réel dans le passé et dans le présent ; voir
combien il se doit à lui-même de rechercher,
de reproduire la vérité de la nature, surtout la
vérité de la vie ; voir qu'il est un miroir de la
nature, un miroir de la vie, n'est-ce pas le mieux
comprendre vraiment que d'en donner, au prix
de subtilités et des gymnastiques de raisonne-
ment les plus laborieuses, une définition si appro-

chante qu'elle puisse paraître de l'idée à définir ?
N'est-ce pas comprendre surtout jusqu'à quel
point il est quelque chose d'humain, et pourquoi nous y trouvons, même les profanes,
même les non-initiés, tant d'intérêt ?

S'il fallait, pour aimer l'Art, connaître à fond
tous les procédés, toutes les méthodes techniques ; si, pour goûter Michel-Ange, il fallait savoir l'anatomie du corps humain ; si, pour aimer
Raphaël, il fallait ne rien ignorer des lois du dessin ; s'il fallait être un coloriste expert pour
admirer Fragonard, Watteau, Delacroix, Corot,
qui donc d'entre nous pourrait se plaire aux
choses de l'art ? Si, au contraire, tous ceux qui
se sentent une âme et un cœur l'aiment et le
goûtent, n'est-ce pas qu'ils y recherchent avant
tout et qu'ils y trouvent leur vie, leur âme,
leur cœur, leurs souvenirs, leurs espérances,
leurs amours, leurs joies, leurs souffrances, tout
l'homme enfin qui est, disons-le encore en finissant, le centre et l'unique objet de l'art.

LE RÉEL

LE RÉEL

Dans nos deux premières conférences nous avons donné par morceaux, si je puis dire, la définition de l'Art ou plutôt une détermination approchante des éléments d'idée qui composent cette idée si complexe. On oppose souvent, sans doute avec le souci d'une clarté plus grande, l'idée du Beau artistique aux idées de l'utile, de l'agréable, du vrai. Nous avons vu qu'on n'obtenait à l'aide de ces distinctions sévères qu'une clarté toute théorique, toute factice, une clarté de classement. Or, les classements, si vous saviez comme il faut s'en défier ! Même dans le domaine de l'idée pure, que d'erreurs sont nées de la manie de tout classer, de tout ranger sous des étiquettes commodes ; oui, commodes, parce qu'elles évitent de penser, mais très incommodes pour ceux qui justement veulent penser et que gêne à chaque pas cette tyrannie des distinctions toutes faites ! On accepte comme des vérités éternelles, comme des principes indiscutables, que ceci est cela ou que ceci n'est pas cela ; et il se trouve justement, si l'on prend la peine de réfléchir et de chercher pour son propre compte, que ceci n'est pas du tout cela, ou que ceci a précisément beaucoup de cela.

C'est ainsi que, si l'utile n'est pas l'art, si les deux idées ne doivent pas être confondues, il est certain pourtant qu'elles ne peuvent pas non plus être absolument séparées. Dans l'objet d'art, nous l'avons vu, on distingue en théorie ce qui est de pure destination utilitaire et ce qui est ajouté par le souci esthétique ; mais, dans la réalité, ce sont là deux éléments inséparables; et, si la beauté surajoutée à la stricte commodité n'apporte pas un nouvel appoint d'utilité, elle est par elle-même très utile, puisqu'elle répond au besoin que l'artiste a eu de la créer, et à l'autre besoin non moins impérieux qui nous tourmente tous de la goûter, de l'admirer, d'en jouir. Une commode ou un chiffonnier Louis XVI ne sont pas plus utiles pour serrer le linge ou ramasser nos menus objets qu'un meuble vulgaire ; mais, tout de même, nous laissons à la cuisine les meubles en bois brut, parce que là est le règne de la déesse utilité, et qu'elle y est la seule souveraine. Encore, la cuisinière, si elle a du goût, ce qui n'est pas impossible après tout, soutiendra avec raison qu'un beau meuble normand de style serait plus commode qu'un buffet de bois blanc. Mais dans le vestibule, dans le salon, dans la salle à manger, dans les chambres, nous voulons, qui plus, qui moins, que nos meubles soient beaux : cela nous paraît utile ; que dis-je? nécessaire, nécessaire à nos yeux, à notre cœur, à notre vie enfin. Une maison où il n'y aurait rien de beau serait une maison vide, vide d'âme, vide d'esprit, vide d'amour ; et qui donc voudrait habiter une telle maison ? Au fond des carmels austères, il y a des tableaux, des statues : l'amour de Dieu, qui a demandé à ses épouses héroïques tous les sacrifices, mais qui ne détruit pas la nature, leur a laissé le goût des belles choses et le droit d'en contempler quelques-unes dans leur solitude.

Nous avions rapproché aussi, au lieu de les séparer, comme on a fait trop souvent, les idées d'art et d'agréable. L'émotion esthétique est avant toute chose un plaisir esthétique. Autrement, nous n'y comprendrions plus rien : plaisir des yeux, plaisir des oreilles quand il s'agit de la musique, plaisir de tous les sens qui sont plus ou moins intéressés à la perception du beau artistique, plaisir de l'âme, plaisir de l'esprit, du cœur, plaisir de l'homme tout entier, l'art est une fête, une jouissance, une ivresse de toutes nos facultés nourries de beauté, rassasiées d'idéal, élevées comme dans une extase au-dessus du vulgaire, du médiocre, du terrestre. L'art qui ne serait pas un charme, qui serait

seulement travail, recherche, technique, difficulté, ne serait pas un art véritable : on peut
essayer, et on a essayé parfois de faire passer
pour de l'art ce qui n'était que le résultat d'un
effort maladif : effort de la raison plutôt
qu'image, plutôt que rêve, contention, procédé,
sans élan, sans grâce, sans génie enfin. Aussi
ces essais d'un art purement scientifique ont-ils
échoué, et après quelque hésitation, après que
le snobisme de quelques-uns eut été attiré par
ces prétendus chefs-d'œuvre de l'art moderne
pour le dessin, l'ameublement et l'architecture,
de l'impressionnisme absolu en peinture, de l'exo-
tisme en sculpture, du symbolisme en poésie et
en musique, on en revient, on en est revenu
déjà. Après quelque temps où on se contenta
d'être étonné, berné, disons le mot, ahuri,
on veut maintenant que l'Art nous charme, et il
semble bien qu'il n'aurait jamais dû faire autre
chose.

Voilà ce que nous avions établi dans notre
première conférence. La seconde avait la prétention de mettre au point une autre question,
les rapports de l'art avec le vrai. Nous n'avions
pas cru là encore qu'il fallait mettre entre ces
deux idées une cloison étanche et, illustrant
par quelques exemples pris dans les chefs-
d'œuvre les plus connus de la peinture, de la
sculpture, de l'art décoratif, la belle parole de

Platon : « le beau est la splendeur du vrai »,
nous avons essayé de détruire la doctrine
qui sépare la beauté de la vérité. Nous avons
montré que l'Art est fondé tout entier sur
la nature, qu'il lui prend tout, qu'il la prend
tout entière ; qu'il est, et en l'affirmant nous
ne voulions pas jouer sur les mots, qu'il est
strictement et en toute vérité une seconde
nature, qu'il est une reprise idéale et comme
spirituelle de la nature réelle et matérielle ; et,
comme le vrai nous est connu comme par parties au moyen des sciences diverses qui nous en
distribuent les détails, nous avions poussé notre
pensée jusqu'à établir une géographie, une botanique, une zoologie, une anatomie artistiques,
même une sociologie, une histoire artistiques.

La suite de notre sujet va nous amener à continuer et à reprendre plus en détail quelques-
unes de ces analyses que nous n'avons fait qu'in-
diquer en courant, et qui dépasseraient de beaucoup, si on voulait les pousser à fond, les limites d'une simple conférence.

L'art est une imitation de la nature, mais
cette imitation peut être plus ou moins exacte,
la copie plus ou moins fidèle, et il est très certain que l'émotion ressentie au contact du beau
artistique, que nous avons appelée émotion
esthétique, n'aura plus les mêmes caractères et
variera de degré ou dans son essence même,

suivant que l'image créée par l'artiste se rapprochera davantage de la réalité. Puisque c'est cette émotion que nous voulons analyser pour arriver à la définition de l'art, il nous faut maintenant étudier les rapports plus ou moins étroits qui unissent la nature et l'art, si vous voulez excuser l'expression un peu lourde, mais qui rend bien notre pensée, le degré de ressemblance entre l'œuvre d'art et la nature qu'elle représente. Et pour suivre notre méthode et continuer notre marche dans le paradoxe, nous essaierons de détruire encore ou tout au moins d'atténuer une distinction courante entre deux tendances artistiques, contraires en apparence, suivant lesquelles se sont fondées deux écoles ennemies dont les luttes remplissent l'histoire de l'Art. Le réalisme, l'idéalisme : ces deux noms, tour à tour triomphants ou méprisés, sont inscrits sur deux bannières derrière lesquelles se sont rangées deux armées irréconciliables. Les frères ennemis s'invectivent terriblement : ils s'accusent mutuellement de tuer l'Art ; de le tarir dans sa source, ou de l'étouffer sous des fleurs.

Pour nous, avant de nous décider pour les uns ou pour les autres, ou plutôt avant de donner raison aux uns comme aux autres, puisqu'en fin de compte, c'est à la réconciliation des deux partis hostiles que nous aboutirons, tâchons de bien déterminer les positions, c'est-à-dire essayons de savoir ce que c'est que le réalisme et que l'idéalisme. Nous comprendrons mieux ensuite la vérité à laquelle nous voulons aboutir, à savoir qu'il n'y a pas de réalisme à proprement parler, puisqu'il se mêle toujours à ce qu'on caractérise ainsi, un peu et même beaucoup d'idéalisme ; et qu'il n'y a pas non plus d'idéalisme pur, puisque la recherche de l'idéal doit toujours être fondée sur le vrai, c'est-à-dire avoir comme base première et solide le réalisme.

*
* *

Que faut-il entendre par le réalisme ? C'est ce que je veux vous expliquer d'abord. Nous le ferons comme à notre ordinaire avec aussi peu de raisonnements subtils ou de précisions scientifiques qu'il sera possible ; nous avons trop dit que l'art doit être admiré, non étudié, qu'il faut en jouir beaucoup plus qu'en discourir, pour nous perdre maintenant dans des considérations théoriques ; nous préférerons nous mettre encore en contact avec les chefs-d'œuvre eux-mêmes ; si nous y trouvons, chemin faisant, quelque jouissance, nous ne devrons pas nous la reprocher ni croire qu'elle nous détourne de la vérité ou qu'elle puisse nuire à la marche de notre pensée : on ne peut arriver à une vraie théorie de l'art, qu'en évitant la théorie et en cherchant l'art.

Le réalisme a été pratiqué par toutes les écoles ; nous aurons l'occasion de le redire ; mais il est la note dominante et le caractère propre de l'Ecole hollandaise. Cette école est tout à fait remarquable. Je soupçonne que vous ne la connaissez point ou que vous la connaissez mal : c'est un tort, car elle peut et doit être comparée aux plus grandes, et les maîtres hollandais doivent être comptés parmi les plus illustres. Michel-Ange, Léonard de Vinci, Raphaël ont acquis plus de gloire peut-être, mais, à coup sûr, Rembrandt, Paul Potter, Ruysdaël en méritaient autant. Il y a eu l'année dernière, à Paris, une exposition délicieuse des petits et des grands maîtres hollandais ; je l'ai visitée plusieurs fois en pensant à vous et je me disais que nous aurions été très bien dans ces salles du Jeu de Paume pour admirer ensemble toutes les beautés, toutes les finesses, tout le scrupule, toute la conscience de cet art, sublime à force d'être réel : on avait la sensation que jamais l'homme n'était arrivé et qu'il n'arrivera peut-être jamais à une restitution aussi exacte et aussi vivante de la nature ; on jouissait aussi à la hâte et en mettant les bouchées doubles du vrai régal de gourmets dont on trouvait là l'occasion unique et, hélas ! trop rapide, puisque les chefs-d'œuvre qu'on avait empruntés à des collections particulières ne se sont trouvés réunis que pendant quelques semaines et resteront maintenant dispersés pour toujours.

Vous avez pour vous consoler le Louvre, tout particulièrement riche en chefs-d'œuvre hollandais et qui en possède quelques-uns des plus beaux. Du moins, je crois qu'ils y sont encore : on ne sait jamais ! Depuis que la Joconde nous a fait la nique, ce qui n'est qu'à moitié étonnant de la part d'une aussi mystérieuse personne, on peut tout craindre de l'humeur volage des tableaux du Louvre ; on n'a pour se rassurer que la bonne volonté éprouvée du plus grand nombre, qui veulent bien consentir à rester, alors que rien, semble-t-il, ne les empêcherait de partir aussi.

Les petites salles hollandaises du Louvre font le tour de la salle Rubens, qui se trouve au fond de la grande galerie ; elles sont parfaites à tous les points de vue : l'éclairage, la disposition des tableaux, le classement, y sont, ce qui est très rare, irréprochables. Sans doute, il restera toujours que, si l'on veut connaître la peinture hollandaise, il faut avoir vu *le Taureau* de Paul Potter ; *la Ronde de nuit, la Leçon d'anatomie, les Syndics* de Rembrandt, *Vue de Harlem* de Ruysdaël, et, pour cela, il faut faire le voyage de La Haye et d'Amsterdam ; mais, tout de même, le Louvre est déjà très suffisant, et une visite aux petites salles vous apportera beaucoup de plaisir et vous apprendra beaucoup de choses.

Vous y constaterez tout d'abord, et c'est justement le premier caractère du réalisme, l'extrême variété des sujets traités. Et ils ne sont pas variés, parce qu'on a voulu les diversifier, mais parce qu'on n'a pas voulu les choisir (du moins cela semble ainsi au premier abord : nous verrons qu'il y a lieu déjà sur ce point de faire une restriction). On n'est pas allé chercher bien loin pour les trouver ; on n'a pas fait comme les peintres français, qui vont en Espagne ou au Maroc, ou comme ceux de Paris qui vont en Bretagne, ou comme les habitants de la plaine qui s'en vont dans les Alpes ou dans les Pyrénées, ne trouvant très beau que ce qui est très loin. Non, on était en Hollande, on a peint la Hollande.

Au commencement du xviie siècle (1), la révolution venait de rendre le peuple hollandais libre, riche, prompt à tout entreprendre, le dépouillant de tout ce qui faisait partout ailleurs l'élément vital des grandes écoles. Elle changeait les croyances, supprimait les besoins, rétrécissait les habitudes, dénudait les murailles, abolissait la représentation des fables antiques aussi

(1) Voyez Fromentin, *les Maîtres d'autrefois.*

bien que de l'Evangile, coupait court aux vastes entreprises de l'esprit et de la main, aux tableaux d'église, aux tableaux décoratifs, aux grands tableaux. Jamais pays ne plaça ses artistes dans une alternative aussi singulière et ne les contraignit plus expressément à être des hommes originaux, sous peine de ne pas être.

Le problème était celui-ci : étant donné un peuple de bourgeois, pratique, aussi peu rêveur, fort occupé, aucunement mystique, d'esprit antilatin, avec des traditions rompues, un culte sans images, des habitudes parcimonieuses, trouver un art qui lui plût, dont il saisît la convenance et qui le représentât. Un écrivain de notre temps a fort spirituellement répondu qu'un pareil peuple n'avait plus qu'à se proposer une chose très simple et très hardie : exiger qu'on fît son portrait.

Le mot dit tout. La peinture hollandaise, on s'en aperçut bien vite, ne fut et ne pouvait être que le portrait de la Hollande, son image extérieure, fidèle, exacte, complète, ressemblante, sans nul embellissement. Le portrait des hommes et des lieux, des mœurs bourgeoises, des places, des rues, des campagnes, de la mer et du ciel, tel devait être, réduit à ses éléments primitifs, le programme suivi par l'école hollandaise, et tel il fut depuis le premier jour jusqu'à son déclin. En apparence, rien n'était plus simple que la découverte de cet art terre à terre ; depuis qu'on s'exerçait à peindre, on n'avait rien imaginé qui fût aussi vaste et plus nouveau... Même en ne dépassant pas les limites des Sept-Provinces, le champ des observations ne devait pas avoir de limites. Dans ses rapports avec les goûts, les instincts de ceux qui observent, le plus petit pays scrupuleusement étudié devient un répertoire inépuisable, aussi fourmillant que la vie, aussi fertile en sensations que le cœur de l'homme est riche en manières de sentir. L'école hollandaise peut croître et travailler pendant un siècle, la Hollande aura de quoi fournir à l'infatigable curiosité de ses peintres, tant que leur amour pour elle ne s'éteindra pas.

Je vais faire, pour les exemples que je veux vous citer, ce que les Hollandais ont fait avec la nature, je ne vais pas choisir. Voici donc quelques sujets pris au hasard dans différents musées. Il y a des paysages en masse, de Cuyp, de van Goyen, de Ruysdaël ; les bois de Hollande, la plaine de Hollande, les champs, les prairies, les villes, les ports, les routes, les maisons, les canaux, les moulins à vent, les moulins à eau, les églises de Hollande, par-dessus tout, le ciel de Hollande.

Le ciel, dans l'École hollandaise, n'est plus simplement un fond qu'on néglige, qu'on bâcle, qu'on diminue parce qu'il est embarrassant, parce qu'il n'est pas quelque chose et qu'il prend inutilement la place des réalités. En Hollande, le ciel est tout dans la nature; il est, si j'ose dire, tout le paysage ; il est, pour reprendre le mot fameux, l'état d'âme du paysage : c'est à son ciel que la Hollande doit toute la mélancolique poésie de ses horizons plats ; à ce point de vue, soit dit en passant, je vous assure que notre Beauce n'a rien à envier aux Pays-Bas, et notre Sologne, à ce qu'on dit, bien moins encore : aussi l'Ecole française des paysagistes du xixe siècle, héritière par tant de côtés des traditions de la pensée et du faire des maîtres hollandais, a-t-elle fouillé dans tous les sens notre horizon et notre ciel.

Le plus remarquable peintre de plaine est, sans doute, en Hollande, van Goyen. Nous trouvons van Goyen, écrit M. Arsène Alexandre, au seuil de cette incomparable succession de paysages qui commence aux vues de Dordrecht, émergeant des clapotements gris de la Meuse mêlée à la mer, et finit au clair moulin à eau d'Hobbema, après avoir passé par les dorures de Cuyp et les fortes mélancolies de Ruysdaël. Van Goyen a émancipé le paysage hollandais, comme Franz Hals a émancipé le portrait. « Le premier, dit un autre critique, dans un pays où le ciel et l'eau sont tout, il sut faire jouer aux canaux, aux fleuves, un rôle important dans la peinture et emprisonner une émotion poignante entre un ciel bas et chargé de nuages et les flots d'une petite rivière argentée par un rayon lumineux » ; et à ce ciel triste qu'animent de temps à autre quelques aperçus d'un bleu clair, bien que toujours un peu voilé, il donne une importance extrême, dominatrice, faite d'une légèreté et d'une grandeur incomparable.

Ne voyez-vous pas là déjà un peu de l'idéalisme que je vous disais qu'il y a dans le réalisme; je ne veux pas empiéter sur notre démonstration, mais je ne puis m'empêcher de vous le signaler en passant, en dépit de la logique qui veut que l'on conduise toujours son sujet pas à pas et qu'on ménage les transitions entre les idées.

Le réalisme des Hollandais a donc bien pris toute la nature, toute leur nature, et on peut dire que qui les connaît, connaît leur pays tout entier; le voyageur qui a vu, si peu que ce soit, leur peinture, n'a pas de peine à se reconnaître chez eux; il ne voit, pour ainsi dire, rien de nouveau dans leur pays, et tous les sites qu'il y admire lui donnent une impression très nette du déjà vu ; il les a tous vus ou à peu près dans les tableaux de ses admirables peintres. et dans son voyage, il les salue au passage comme de vieilles connaissances.

* *
*

La réalité de la maison, de l'intérieur, de la petite nature qui nous entoure immédiatement ne leur a pas fourni moins de sujets que la grande nature, et peut-être même leur en a offert davantage, parce qu'elle pouvait leur sembler plus proche, plus intime, plus réelle en quelque sorte, puisqu'on la voit mieux, qu'on y touche ; au dehors, nous voyons souvent ce qui n'existe pas : notre imagination, abusant de la faiblesse de notre courte vue, bâtit avec les données incomplètes ou grossières que lui fournissent nos yeux un monde imaginaire que nous trouvons plus beau, et avec raison bien souvent, que le monde réel, mais auquel des réalistes comme les Hollandais devaient trouver mille fois moins de charmes. Le ciel bleu, ce n'est rien, c'est de l'air qui prend une teinte d'azur à cause de la grande épaisseur de l'atmosphère, absolument comme l'eau de la mer parfaitement incolore dans le creux de la main du baigneur, lui apparaît comme une belle plaine verte émaillée de moutons blancs quand il regarde au large. Les nuages, ce n'est rien, c'est de la fumée, pas autre chose, et pourtant, qu'ils nous semblent beaux quand ils promènent sous le soleil en feu leur panache enflammé, ou lorsque au clair de lune ils déroulent sous les étoiles la blanche procession de leurs flocons d'argent ! Que de mondes irréels, que de pays chimériques, que d'îles enchantées l'œil du rêveur, l'œil de la rêveuse aussi sans doute, y a découverts, quand, assis sur la montagne, ils regardaient le soleil se coucher bien loin dans les flots rouges ! Un paysage, c'est du bois, des feuilles, de la terre, des pierres, de l'eau. Quand nous nous approchons, c'est tout ce qui reste de toutes les belles choses que nos yeux ravis croyaient voir dans le lointain des horizons infinis. Au contraire, quand l'homme regarde plus près de lui, il ne voit plus que la réalité des choses : il les voit comme elles sont, sans la duperie des vaines images, sans l'illusion qui enveloppe toujours ce qui est loin, ce qui est grand, ce qui est inaccessible ; et, s'il est artiste, il leur trouve une beauté plus vraie, parce qu'elle est bien aux choses mêmes ; plus pénétrante, parce qu'elle est là tout près, qu'elle semble vivre comme nous, avec nous, pour nous : son œil s'y complaît davantage, parce que sa main, si j'ose dire, peut la toucher : il la croit digne de son art, il croit aussi que son art la relèvera, cette humble beauté des choses, du mépris où la laissent ceux qui ne savent pas la voir, et qu'il l'illustrera dans les siècles futurs du rayon de sa propre gloire.

Toute la maison hollandaise, de la cave au

grenier, est représentée dans l'œuvre des peintres. Voici quelques sujets de tableaux dont le seul énoncé vous prouvera qu'on n'a rien oublié : *la Maison de campagne* de P. de Hoog ; *Intérieur d'une chambre, Intérieur hollandais* (des centaines de tableaux pourraient avoir ce titre), *Intérieur d'une chaumière* de Van Ostade ; *le Déjeuner* de Metzu ; *Intérieur d'une écurie* de Wouwerman ; *le Cellier* de P. de Hoog. Et combien de sujets intimes tirés de la vie quotidienne, combien de scènes familiales ont pour cadre la maison, la ferme, une chambre, un corridor ! C'est par centaines que l'on peut compter les tableaux dont le fond n'est que cela : à La Haye, au musée de l'Etat d'Amsterdam, on les trouve à chaque pas : cela tient de l'obsession.

On cherche maintenant, et on a raison, l'histoire intime des âges passés ; on veut savoir comment vivaient les ancêtres il y a quelques siècles ; comment ils vivaient non pas leur vie politique, militaire, sociale, mais leur vie de tous les jours, leur vie pratique, leur vie à la maison ; comment ils étaient logés, comment était distribuée leur habitation, comment s'ouvrait la porte, comment s'ouvrait la fenêtre ; comment était faite la cheminée ; avaient-ils des poêles ? de quels meubles ils se servaient, comment était le lit, l'armoire, la table, les bancs, les chaises ?

dans quelles assiettes, quels plats ils mangeaient,
dans quels verres ils buvaient, avec quels cou-
teaux ils coupaient leur pain ? avaient-ils des
cuillers, des fourchettes? C'est tout cela qui nous
intéresse, c'est tout cela que nous voulons savoir :
c'est la petite histoire sans doute, mais c'est celle
que nous vivons à notre tour : la grande, elle est
bien loin de nous, elle se passe dans les palais
des rois, dans les parlements, dans les conseils
des gouvernants, dans les ambassades quand les
nations parlent entre elles, quand elles se dispu-
tent, dans les campagnes navales ou militaires,
lorsqu'elles se battent. Mais la vie ordinaire, la
nôtre, en somme, n'en continue pas moins son
cours monotone et éternel. Les peintres hollandais sont devenus, pour l'avoir compris, les
meilleurs historiens de leur pays ; ils n'ont pas
voulu être des peintres d'histoire ; ils ont tout
fait pour éviter cela, et pourtant ils nous rensei-
gnent sur leur époque bien mieux que les
historiens qui nous ont raconté les guerres reli-
gieuses ou politiques de ce commencement du
xviiie siècle.

« La guerre, dit très bien Fromentin, n'em-
pêchait pas qu'on ne vécût en paix quelque
part ; c'était dans ce coin paisible que les peintres transportaient leurs chevalets, abritaient
leur travail, et poursuivaient, avec une placidité
qui peut surprendre, leurs méditations, leurs

études, leur charmante et riante industrie. Et la vie de tous les jours n'en continuant pas moins, c'étaient les habitudes domestiques, privées, champêtres, urbaines qu'ils s'appliquaient à peindre en dépit de tout, à travers tout, à l'exclusion de tout ce qui faisait alors l'émoi, l'angoisse, le patriotique effort et la grandeur de leur pays.

« ... Les bois sont tranquilles, les routes sûres ; les bateaux vont et viennent au cours des canaux ; les fêtes champêtres n'ont pas cessé. On fume au seuil des cabarets, on danse au dedans, on chasse, on pêche et l'on se promène. De petites fumées silencieuses sortent du toit des métairies, où rien ne sent le danger. Les enfants vont à l'école, et dans l'intérieur des habitations, c'est l'ordre, la paix, l'imperturbable sécurité des jours bénis. Les saisons se renouvellent, on patine sur les eaux où on naviguait ; il y a du feu dans les âtres, les portes sont closes, les rideaux tirés... C'est toujours le cours régulier des choses que rien ne dérange, et le fonds permanent des petits faits journaliers avec lesquels on a tant de plaisir à composer de bons tableaux. »

*
* *

Les Hollandais, qui ont peint toute la nature et toute la maison, ont peint aussi tous les hommes :

en même temps que le portrait de la Hollande,
ils ont voulu faire le portrait de ses habitants :
on a la sensation, quand on parcourt un musée
ou une collection hollandaise, qu'il doit y avoir
là le portrait de tout le monde. De tout le
monde ? Non, assurément, pas tout à fait, mais
tout de même de beaucoup de gens. Sur un peu
moins de 3.000 tableaux ou dessins que renferme le musée d'Amsterdam, j'ai relevé au catalogue près de 1.000 portraits : c'est toute une
population ; je le répète, c'est toute la Hollande.

Toutes les classes de la société y sont représentées : des nobles, des chevaliers, des artisans,
des membres de corporations, des compagnies
d'archers, des grandes dames, des paysannes,
des servantes. Tous les âges se sont fait peindre,
depuis les bonnes vieilles grand'mères jusqu'aux
toutes petites filles de trois ans, de deux ans,
qui sont là, les pauvres bébés, la tête prise dans
des bonnets empesés et tout le corps enfermé
dans des robes de douairières qu'on voit bien
qui empêtreraient leurs petits pieds et les feraient
tomber si elles se mettaient à marcher.

Et, dans les tableaux qui ne sont pas des portraits, qui rentrent dans ce qu'on appelle la
peinture de genre, quel grouillement de gens
entassés, quelle foule, quel peuple ! Vous avez
vu sûrement des tableaux de Teniers : il est
de l'Ecole flamande, mais presque un Hollan-

dais ; et s'il ne l'est pas pour la couleur, pour
le dessin, il l'est tout à fait pour le réalisme et
plus spécialement pour le grand principe réaliste
qui veut qu'on n'exclue rien de sa peinture et
qu'on y mette indistinctement, choses et gens,
tout ce qui a de la couleur, de la lumière, une
valeur, et tout en a quand on sait voir. Il y a de
magnifiques Téniers au Louvre. Louis XIV qui
n'aimait pas, et pour cause, les Flamands ni les
Hollandais, ne voulait pas de Teniers dans ses
appartements : cela lui semblait horrible, parce
que c'était trop nature, trop peuple, et trop le
peuple même qui lui faisait la guerre. « Enlevez-
moi tous ces magots », dit-il, et Teniers s'en fut au
grenier. Mais les magots étaient immortels et
ils sont revenus au Louvre, et nous pouvons,
non pas les compter, parce qu'ils sont trop (dans
la Fête du village, il y a soixante-dix personnes
qui dansent, qui se promènent, qui vont et viennent dans tous les sens, qui regardent aux portes,
aux fenêtres, qui mangent, qui boivent, qui
fument ou qui poussent le réalisme plus loin
encore) ; mais nous pouvons constater en les
admirant que Teniers, comme dit M. André
Beaunier, réalisa l'œuvre la plus objective qui
soit, comme aussi la plus représentative quand
il peignit « le crapuleux peuple de Flandre tout
occupé de ses ribotes ». « La simple vérité »,
cette épigraphe que mit à l'un de ses romans

Guy de Maupassant, conviendrait à ces tableaux de vie quotidienne que Teniers multiplia.

Les Hollandais ont peut-être moins souvent peint la foule ; il y a sans doute encore du monde dans certains tableaux, comme dans la *Noce au village* de J. Steen, mais d'ordinaire les scènes de genre ne comprennent pas plus de quatre à cinq personnes : c'est la maîtresse de maison, ce sont les enfants, les visiteurs, les servantes, tout ce monde pris comme en instantané au milieu des occupations des plus ordinaires : une femme lit une lettre, une autre reçoit ou fait des visites, une joue de la guitare, une tient son enfant et le fait jouer, ou lui donne à manger ; une autre écure la casserole, la cuisinière pelure des pommes, se tient debout devant une table remplie des ustensiles les moins artistiques et des légumes les plus réels : des choux, des pommes de terre, du pain dans une corbeille, quelques torchons ; en bas, je crois, la boîte au sel.

La cuisinière, dit le catalogue d'Amsterdam, verse un pot de lait dans un vase de terre ; elle a à côté d'elle un autre pot en faïence de Nassau. Elle est vêtue d'une camisole jaune citron, d'un jupon brun rougeâtre, et d'un tablier bleu foncé dont le coin est retroussé ; sur la tête, elle porte un fichu blanc. La femme qu'on voit dans la cour d'une maison hollandaise de P. de Hoog, celle qui est dans le corridor, la fileuse de Nicolas Maes n'ont pas une toilette plus recherchée ; ce sont des femmes du peuple, n'importe lesquelles, vêtues n'importe comment, qu'on a prises ainsi avec le seul souci du réel, simplement pour les avoir comme elles étaient toujours. Le peintre n'aurait pas voulu, même par souci du pittoresque, les vêtir exprès, leur donner un accoutrement factice ; des guenilles ou des haillons ne donnent pas nécessairement la vérité ; s'ils sont disposés pour le décor, cela se voit, et, au lieu d'ajouter au naturel, ils risquent de donner un air de convention ; cela semble préparé. Ici rien de semblable, tout est pris sur le vif ; hommes ordinaires, femmes ordinaires, dans leur vie de tous les jours, dans leur milieu habituel, avec leurs vêtements communs : voilà ce qu'on voulait, ce qu'on cherchait. Et c'est bien, n'est-ce pas, c'est bien là le réalisme, ou bien je ne sais plus où il faudrait aller le chercher.

*
* *

L'amour de la nature, l'amour du vrai qui a poussé ainsi les peintres hollandais à prendre tout dans la nature, à prendre leurs sujets sans les choisir, ou, ce qui revient au même, à ne les choisir que dans le réel, les a amenés aussi au culte du détail, à la précision dans le dessin,

dans la couleur. La peinture hollandaise est une
vraie miniature : elle possède jusqu'à l'extrême,
j'allais dire jusqu'à l'excès, le second caractère
du réalisme, qui est l'exactitude absolue, ou, du
moins, l'exactitude la plus approchante, la ressemblance la plus grande entre l'objet et la
peinture.

Il y aurait assurément ici un grave problème d'art, je ne dis pas à résoudre, on ne
saurait guère se flatter d'y arriver après que
tant d'artistes et de critiques se sont devant ce
problème déclarés impuissants, et quand on sait
que c'est sur ce point précis que s'engage encore
maintenant la lutte entre les écoles, mais du
moins un problème à soulever et à étudier.
C'est celui-ci. L'art, même réaliste, doit-il tout
dire, tout montrer, tout peindre ? Ne doit-il
pas tendre à nous montrer ce que nous voyons
dans la nature ? Or, est-ce que nous voyons
tout ? Non, assurément, ou du moins nos visions
de chaque objet sont très différentes, sont en
nombre pour ainsi dire infini, suivant que
l'objet est tout proche, ou éloigné, qu'il est
éclairé plus ou moins ; elles varient avec l'état
de l'atmosphère, l'heure de la journée, nos dispositions à nous-mêmes, physiques ou morales.
On peut voir au microscope, à la loupe, à l'œil
nu, à un mètre, à vingt mètres, à cinquante, à
cent, à deux cents mètres ; et, dans toutes ces

situations, avec ou sans ces instruments, à chacune de ces distances, notre vision change ; l'apparence des objets, ce qui, en somme est l'objet même de l'art, change.

Je dis que cela est l'objet même de l'art, car il est trop clair qu'il ne peut et ne doit prétendre nous montrer que ce que nous voyons dans le réel avec nos yeux. Et c'est bien là qu'est la difficulté. Laquelle de nos visions différentes faudra-t-il choisir comme étant la vraie, la réelle, puisque, par hypothèse, nous sommes aujourd'hui des réalistes ? Une feuille d'arbre vue au microscope n'est plus une feuille, mais un entrelacement de tissus, dont chaque filament ressemble à un câble, soutenus par des nervures grosses comme des poutres. Vue de loin, au contraire, elle se perd dans l'ensemble de la forêt : elle n'a plus sa forme à elle : elle se fond dans la grande nappe verte qui semble la chevelure des bois et qui ondule quand les chênes balancent leurs branches sous la brise du soir. Le plus beau visage devient affreux quand on le voit avec un grossissement : de loin, on ne voit plus ses traits ; sa forme se confond avec celle de tous les autres, il a perdu sa beauté : il n'est plus le même.

Ainsi en est-il de tous les objets. Où faudra-t-il donc les placer, pour qu'ils soient bien eux-mêmes ? Puisque ce sont bien eux, eux tout seuls, eux pour eux-mêmes que le réalisme veut peindre, laquelle de leurs situations choisira-t-il pour les mieux peindre ? Ce fut bien simple pour les Hollandais : ils ont résolu le problème dans le sens de la plus grande réalité. Jamais, ont-ils dit, on ne pourra s'approcher trop du réel. Regardons l'objet le plus près possible et essayons de le rendre avec tous les traits que nous aurons vus ainsi ; plus il y aura dans notre peinture des traits que nous aurons pu recueillir un à un en regardant la chose à peindre le plus près qu'il nous sera possible, plus nous nous serons approchés de la nature, et plus grands peintres nous serons ; car l'art n'est pas la représentation des apparences seulement, il est la reproduction des réalités. Or, l'objet est tel que je le vois de près, il est tel dans son existence indépendamment de la faiblesse et de l'impuissance de mes yeux qui ne voient plus de même quand je suis loin : donc, tant pis pour ce que mes yeux croient voir, tant pis pour les apparences, tant pis pour le subjectif : c'est le réel, le concret, l'objectif que nous voulons, c'est la nature même que nous voulons saisir, et créer à nouveau dans notre art, telle, absolument telle qu'elle est.

Qu'il y ait là un principe très contestable, cela n'est pas la question ; je veux seulement vous faire comprendre ce qu'est le réalisme ; et c'est cela qu'il est, et spécialement celui des Hollandais. D'autres ont pu le concevoir autrement, à l'époque moderne en particulier. C'est ainsi que pour les impressionnistes, dont nous reparlerons quelque jour, la réalité, ce n'est pas la chose, c'est la sensation qu'elle fait naître et qui la perçoit. Pour un impressionniste, une pierre, c'est de la couleur, c'est du bleu, du rouge, du violet, du vert ; au point de vue du dessin, c'est une figure qui empiète sur le reste et sur laquelle le reste empiète : les choses ne se suffisent pas à elles-mêmes, elles se fondent, elles sont solidaires ; elles sont comme des sœurs généreuses et gâtées qui se prennent et se cèdent tout. Pour le Hollandais, une pierre, c'est une pierre : il y a de la couleur sur cette pierre ; mais c'est une pierre. « Faisons d'abord une pierre, dit-il, et le reste viendra par surcroît. »

Et, alors, il prend son tableau par le détail : il donne à tout son importance ; chaque ride d'un visage, chaque cheveu sous le bonnet ; chaque pli du vêtement ; chaque vide et chaque plein d'une dentelle, chaque trait d'un dessin de tapis : tout est pris à son tour, étudié à part comme si cela était toute l'œuvre, fouillé dans tous les coins : nous avons parlé d'appareils de grossissement : il est très certain que certaines peintures de Maes, de Molenaer, de Terburg, de Gérard Dou, de Pierre de Hoog ont été travaillées à la loupe : c'est ainsi qu'il faut les regarder pour les bien voir, c'est donc ainsi qu'elles ont été faites.

Regardez *la Fileuse* de N. Maes, qui est au Musée d'Amsterdam. C'est un véritable tour de force ; c'est le dernier degré, c'est l'excès de la finesse : c'est une véritable gageure : c'est l'imitation de la nature poussée jusqu'au trompe-l'œil. C'est à croire que les pinceaux de Maes étaient des pointes d'aiguille. Voyez les rides de la bonne vieille, ses cheveux blancs, son bonnet noir, ses lunettes qui brillent au bout de son nez et dont l'armature se distingue si bien des verres ; et ses yeux, ses admirables yeux fixés sur l'ouvrage et si profondément attentifs ; le nœud du mouchoir qui lui entoure le cou, ses manchettes, son tablier, sa robe, le haut de sa chaise par derrière. Puis, tous les détails du rouet, les brins de chanvre sur le fuseau, la roue, les fils qui se distinguent très bien, et que les doigts fins de la travailleuse empêchent de s'emmêler.

Un autre tableau du même auteur, *la Songeuse*, est peut-être plus merveilleux encore. La bible sur la table est ouverte à la prophétie d'Amos, dont on distingue très bien le titre et dont un peu plus on lirait les lignes : on voit le dessin des alinéas et les manchettes qui sont en marge, on voit les feuillets se détacher sur

la tranche du livre, on voit le coin de la page
replié et, sur l'autre côté du coin, quelques lignes
du texte de la page précédente. Et la songeuse;
est-elle assez-belle? Sa tête posée sur les coudes,
geste classique de la pensée profonde, ses yeux
fermés, les plis si accusés du muscle frontal :
tout exprime plus que le rêve ou que le songe,
tout exprime la méditation, la contemplation,
l'effort d'esprit. C'est la sévérité des jugements
de Dieu qui doit en ce moment absorber la songeuse. « Il y a trois crimes, il y a quatre crimes
que je ne pardonnerai pas à Tyr, à Sidon, à
toutes les villes coupables, dit le Seigneur par
la bouche du prophète ! » Quels furent ces
crimes? Pourquoi Dieu ne veut-il pas pardon-
ner ? Et quelle fut la justice de Dieu ? Là où
elle a passé, il n'y a plus que des ruines, et
même les ruines de ces cités opulentes ont
péri : elles ne sont plus que quelques pierres
que poussent en butant contre elles les pieds du
dromadaire, quand la caravane traverse la
plaine déserte et ensablée. Justice de Dieu,
vanité de tout ce qui est humain, de tout ce qui
doit périr, de tout ce qui passe ! Il y a de quoi
méditer, n'est-ce pas ? Et puis, il y a un autre
livre, celui que la vieille femme tient sur ses
genoux ; celui-ci est plus consolant peut-être, il
parle de la bonté de Dieu, des destinées heureuses qui nous attendent par delà la vie, par delà

la vieillesse, après la longue solitude des dernières années d'exil. Et cela peut faire songer encore : c'est pourquoi toute l'attitude de celle qui médite montre dans la réflexion profonde tant de calme aussi. Bref, tout ceci est un admirable chef-d'œuvre. Il y a aussi les mains, ces mains qui sont des merveilles de finesse : on ne peut pas pousser plus loin l'exactitude ; on se perdrait à vouloir décrire par le menu cette anatomie de mains vieillies par l'âge, par la peine aussi. Ah ! l'idéalisme dans le réalisme ! Ah ! la pensée mêlée aux choses, le sublime atteint par la précision ; la beauté de l'ensemble obtenue par le souci du détail ! C'est le comble de l'art, n'est-ce pas ? Vous le sentez comme moi. Quand notre sujet nous amènera à concilier l'idéal avec la nature, à montrer que l'art ne cherche pas autre chose que cette conciliation, vous vous rappellerez *la Songeuse* de Nicolas Maes, et peut-être alors ne trouverons-nous pas de meilleure preuve pour notre thèse, ni d'exemple plus typique, ni de plus admirable chef-d'œuvre.

Les couturières de Brekelenkam ne sont pas moins belles peut-être : le temps me manque pour vous les expliquer plus longuement.

Le génie le plus extraordinaire que la Hollande réaliste nous ait donné est sans doute Paul Potter. Personne n'a poussé plus loin que lui le souci du détail, la recherche du vrai, l'amour des choses pour elles-mêmes. « Ce qui émerveille en lui, dit Fromentin, c'est l'imitation des objets poussée jusqu'au travers. » Paul Potter est le miniaturiste du paysage. A coup sûr, il devait avoir dans son bagage de peintre une paire de jumelles ; il a dû s'en servir pour voir chaque feuille, pour compter les brins d'herbe, pour examiner de près ses moutons, ses vaches et ses taureaux. *Le Taureau* du Musée de La Haye est un des plus beaux tableaux qui soient au monde. « Un grand taureau dans une vaste plaine, un grand ciel et, pour ainsi dire, pas d'horizon. » Quelle admirable bête ! Elle a son âge à elle, son caractère, son tempérament, sa longueur, sa hauteur, ses attaches, ses os, ses muscles, son poil rude ou lisse, bourru ou frisé, sa peau flottante ou tendue, le tout à la perfection. La tête, l'œil, l'encolure, l'avant-train, sont, au point de vue de l'observation naïve et forte, un morceau très rare, peut-être bien sans pareil.

Regardez aussi sa *Prairie*, qui est au Louvre. C'est le triomphe de la vérité. Quel naturel dans l'attitude de ces trois bêtes ! Quelle science ou, si vous aimez mieux, quel instinct de leur anatomie ! Car je ne crois pas que Paul Potter ait étudié par le dedans la structure de l'animal. Il devait mourir à trente ans et composa ses plus beaux chefs-d'œuvre entre vingt et vingt-cinq ans : il n'eut donc que le temps de voir et de faire voir aux autres ce qu'il avait vu. Allez au Louvre et passez quelques bons, quelques longs instants dans la petite salle Paul Potter ; ou, si vous le pouvez, faites mieux ; aux prochaines vacances, allez en Hollande et voyez à La Haye *le Taureau*. Vous ferez comme moi, vous ne pourrez plus vous en aller et vous resterez jusqu'à la fermeture des portes, et vous emporterez l'inoubliable souvenir de l'émotion que vous aura fait goûter cette chose inouïe que je n'ai connue que là : le sublime atteint sans peine et du premier coup par un tout jeune homme, par un enfant qui ne le cherchait pas et le trouva dans l'amour du réel et de la vérité.

Vous savez maintenant, je l'espère, Mesdames, ce que c'est que le réalisme en peinture ; ou, si vous le saviez aussi bien que moi, nous avons eu au moins le plaisir d'en parler ensemble. Mais n'est-ce pas que c'est un plaisir tout de même ? Ne prenez pas mon « tout de même » pour une malice à votre adresse : je l'ai dit sans intention. On assure pourtant que l'art réaliste n'est pas un art féminin. Si on vous donnait à vous toutes qui m'écoutez le choix entre le réel et l'idéal, vous choisiriez à coup sûr l'idéal, et je m'empresse de dire que vous auriez raison ; je reconnaîtrais une fois de plus ce que j'ai affirmé dès le début de nos causeries artistiques, à savoir que la femme, par la délicatesse de son goût, par son amour de ce qui est beau, de ce qui est noble, de ce qui est sublime, par la place que tient en son âme, en sa vie, en son cœur, cette force étrange et généreuse qu'on nomme le sentiment, est plus apte à goûter et à comprendre les choses de l'art.

C'est à une condition toutefois, Mesdames, c'est que ce goût du beau n'ira pas s'égarer sur ce qui n'en a que le nom ou que l'apparence ; c'est que vous ne prendrez pas des fadaises pour des sublimités, ni le convenu pour le réel, ni la mièvrerie pour le sentiment, ni les nuages pour le solide, ni les couchers de soleil pour des pays enchantés, ni tout bleu pour de l'azur, ni tout vert pour de l'espérance... C'est ce que les artistes ont fait bien souvent, à quoi ils ont été amenés par leur mauvais goût personnel ou les exigences de leur époque, toutes les fois qu'ils ont abandonné la nature pour se lancer dans l'imaginaire.

Les Hollandais ont donné un immortel exemple : l'exemple de l'amour passionné de la nature, de la nature telle qu'elle est, de la vraie nature. Ils n'étaient pas les premiers à la comprendre et à l'aimer ainsi ; les sculpteurs grecs du siècle de Périclès n'eurent pas d'autre souci que d'être vrais avant tout, et jamais ils ne crurent qu'on pouvait trop étudier la nature, ni trop s'approcher de la vérité. Dans la peinture moderne, il y eut aussi des réalistes. Pour ne nommer que des Français, Chardin au XVIIIe siècle, Courbet au XIXe siècle, ont compris aussi la beauté des choses, des choses prises en elles-mêmes, en tant que choses, et les richesses infinies que l'art trouverait à les peindre. Oui, l'idéal est beau, mais la nature est belle aussi, les choses sont belles.

Laissez-moi vous lire pour finir, car il faut bien finir, une belle page que le poète Francis Jammes a intitulée *Des choses*.

« C'est avec légèreté, dit-il, que la plupart du temps nous touchons aux choses. Mais elles sont pareilles à nous, souffrantes ou heureuses... Une belle rose me communique sa joie de vivre. Et, sur sa tige, on la sent bien heureuse, tellement que par ces simples mots : « il est dommage de la couper », un homme affirme et conserve le plaisir de cette fleur. J'ai souvent considéré des objets qui dépérissaient. Leur désagrégation est identique à la nôtre. Il est pour eux des caries, des ruptures, des tumeurs, des folies. Un meuble que rongent les vers, un fusil dont on casse le ressort, l'âme soudain faussée d'un violon, voilà des mots dont je suis profondément ému. Les choses sont douces ; d'elles-mêmes jamais elles ne font de mal. Elles sont les sœurs des esprits. Elles nous accueillent, et nous posons sur elles nos pensées qui ont besoin d'elles, comme pour s'y poser les parfums ont besoin des fleurs... Il est des heures, des saisons, où l'on entend mieux les mille voix des choses. A la fin d'août, vers minuit, quand la journée a été chaude, un bourdonnement indistinct, qui n'est pas celui des rivières, ni des sources, ni du vent, ni des animaux froissant l'herbe, ni des bestiaux qui secouent leur chaîne sur les crèches, ni des chiens veilleurs inquiets, ni des oiseaux, ni du retombement des métiers des tisserandes, s'élève autour des villages agenouillés... Il est des objets qui m'ont consolé dans telles circonstances douloureuses de ma vie. Un rayonnement émanait des choses, pareil au frisson d'une amitié ; je les sentais, je les sens vivre autour de moi. Je sentais quelle fraternité m'unissait à ces humbles choses, et que c'est enfantillage de classer les règnes de la nature quand il n'y a qu'un règne de Dieu... »

Le réalisme, Mesdames, qui ne classe pas les choses et qui les aime comme elles sont et dans tout ce qu'elles sont, chante sans le vouloir un hymne au Créateur qui a mis en toutes choses, même dans les plus humbles, un rayon de sa gloire et de son éternelle beauté.

L'IDÉAL

L'IDÉAL

L'amour de la nature et la représentation du réel est la base même de l'art. Ce n'est pas, ce ne peut pas être, sa perfection et son couronnement ; mais c'est sa base, et c'est pourquoi j'ai voulu vous parler d'abord du réel dans l'art ; c'est pourquoi j'ai voulu vous faire saisir toute l'importance de ce premier élément de l'idée d'art. Et nous avons cherché à le bien comprendre en nous mettant en contact avec les principaux chefs-d'œuvre des maîtres hollandais, si beaux, n'est-ce pas ? et si prenants dans leur simplicité ; dont l'incomparable maîtrise et le charme très spécial est tout en ceci, qu'ils ont voulu être et qu'ils ont été les peintres de la nature. Aujourd'hui nous allons quitter, mais pour aujourd'hui seulement, et encore non pas tout à fait, le réel pour l'idéal, et nous nous demanderons ce que c'est que l'idéalisme.

S'il ne s'agissait que de le dire, ce serait vite fait. L'étymologie du mot idéalisme indique soit une idée, soit un idéal. L'idéalisme, vous voyez que nous n'allons pas chercher bien loin nos explications et que nous ne nous fatiguerons ni vous ni moi à ce jeu, l'idéalisme est donc la part de l'idée et la part de l'idéal qui viennent s'ajouter dans l'œuvre d'art à la part de nature et de réel.

Mais si nous voulons, et c'est bien notre intention à vous comme à moi, si nous voulons aller au fond des choses et ne pas nous contenter d'à peu près quand il s'agit de creuser une idée aussi importante et aussi féconde que l'idée d'art, alors tout un monde s'ouvre devant nous et nous nous trouvons en face d'une difficulté que nous n'attendions pas peut-être, celle de dire en si peu de temps qui nous reste, tout ce qu'il faudrait dire si l'on voulait être complet et porter partout la lumière.

Pour aujourd'hui, afin de nous restreindre et de peur d'abuser de votre bienveillance, remettant à plus tard de parler de l'idéal, nous nous attacherons seulement à l'idée. Après avoir, dans une première partie, expliqué comment et pourquoi on peut et on doit trouver une idée dans un tableau, nous étudierons quelques-uns des maîtres idéalistes qui ont exprimé dans leurs œuvres l'idée religieuse, idée souveraine et féconde entre toutes, qui, dès les débuts de la peinture moderne, s'est imposée aux artistes, qui a fourni pendant trois siècles, du xiiie au xvie, le fonds toujours repris, jamais épuisé, de tous les chefs-d'œuvre.

Le philosophe Bacon a donné de l'Art une idée profonde quand il l'a défini : *Homo additus naturæ.* L'homme qui s'ajoute à la nature : c'est cela, Mesdames, Messieurs, l'idéalisme, et on ne saurait mieux dire.

Quand Dieu a créé le monde, il a laissé dans son œuvre d'admirables vestiges de sa grandeur, de sa sagesse, de sa puissance, de sa bonté. La montagne qui baigne dans le soleil la blancheur immaculée de son sommet de neige, chante dans les hauteurs la grandeur de Dieu ; l'immensité divine nous est représentée en petit par l'infini borné des océans ; un rayon de la sagesse incréée illumine l'esprit de l'homme créé à l'image de Dieu et, quand son âme est droite, généreuse et charitable, nous reconnaissons dans cette âme un reflet très affaibli sans doute, mais combien glorieux encore, de l'éternelle bonté. Partout, dans la nature, il y a des traces de Dieu ; partout, il y a du divin. C'est du divin qui luit dans l'étoile du soir, du divin qui chante au sein de la forêt, quand, par les belles nuits d'été, tant de vie y frissonne dans la profondeur des taillis et qu'on entend :

Si l'on écoute bien
Le silence sonore comme un hymne ancien
Que chanteraient des moines pour l'éternité (1).

(1) Viellé Griffin cité par la *Revue hebdom.*, 27 avril 1912.

C'est du divin qui se cache sous la mousse où l'humble violette dérobe ses appâts, et qui s'épanouit avec la rose dans tout l'éclat des midis triomphants. C'est du divin qui brille dans le sourire de la jeune mère quand elle prend dans ses yeux le premier regard des yeux de son enfant. Rien n'est Dieu dans la nature, et notre foi nous arrête sur la pente dangereuse et tentatrice du panthéisme : rien n'est Dieu, mais tout est de Dieu et tout ce qui est beau parmi les choses créées garde la trace et le souvenir du Créateur.

Quand l'homme s'est fait à son tour le créateur d'une seconde nature et qu'il a créé l'Art, il a mis dans son œuvre quelque chose aussi de lui-même. Sans doute, il a pris dans la grande nature la matière, si je puis dire, de son ouvrage ; sans doute, il ne saurait rien faire sans elle : c'est à elle qu'il emprunte toutes ses formes, toutes ses couleurs, toute sa lumière, toute sa vie : il lui prend ses paysages, ses océans, ses fleuves, ses rochers, ses montagnes, ses plantes, ses arbres, ses animaux, ses hommes ; il lui prend l'homme, la femme, il lui prend tel homme, telle femme ; et ainsi, que l'œuvre d'art soit peinture, sculpture, architecture (je ne parle pas ici de la musique où l'artiste ne prend presque rien, on peut même dire rien du tout à la nature et, où il est par conséquent, plus créateur), que l'œuvre d'art soit statue, paysage, portrait, toujours elle est tributaire de la nature.

Nous avons suffisamment étudié ce point, et je n'y reviens par ces deux mots, que pour vous rappeler et vous rendre présente la marche de notre pensée. Ce que je veux que vous compreniez bien aujourd'hui, c'est que la nature artistique est une nature tout autre que la réelle, une nature toute changée par cette addition que l'artiste y a faite d'une partie de lui-même : *homo additus naturæ*, une nature où il y a, à tout bien prendre, plus de l'homme que d'autre chose, une nature qu'on a fait passer de l'ordre matériel dans le monde des âmes, une nature enfin idéalisée.

De même que vous trouvez du divin partout dans la nature, ainsi dans tout l'art, il y a de l'humain, des idées humaines, des sentiments humains, des passions humaines, des désirs, des amours, des espoirs, des souvenirs, des regrets humains ; toute l'histoire, toute la croyance, toute l'illusion, toute la folie humaine. Un paysage de Corot, de Ruysdaël, de Rousseau, ce n'est pas de la terre, des pierres, de l'eau, des arbres : c'est, comme on l'a dit justement, c'est un état de l'âme ; c'est la tristesse infinie des choses, quand l'homme qui l'a peint ou celui qui le regarde souffrent, attendent, regrettent, rêvent ; c'est la joie de toute la nature qui se réveille, qui vit, qui chante son hymne de beauté et de vie, quand l'homme est heureux, quand il espère, quand il aime, quand il est aimé ; c'est le trouble dans la passion, c'est le calme, au contraire, quand l'âme est en paix.

Un portrait de grande dame du xviiie siècle peint par la Tour, c'est assurément telle grande dame de l'époque (voyez Mme de Pompadour au Louvre) ; c'est assurément bien elle. Mais c'est elle deux fois, si je puis dire ; ce sont les traits de son visage, et les contemporains n'eussent pas admis un portrait qui n'eût pas été ressemblant ; mais c'est aussi tout l'artifice, tout l'apprêt d'une beauté qui veut régner, c'est toute la mise en valeur d'une simple femme métamorphosée en reine ; c'est la finesse, l'intelligence, la volonté de plaire et le tact infini pour y réussir ; c'est tout cela autant et plus qu'une simple photographie ; et tout cela, ce n'est pas une femme, c'est une âme de femme ; c'est, si vous voulez reprendre le mot de Bacon, avec un sens que le philosophe n'a pas prévu assurément et qui pourrait contenir un grain de malice à l'adresse de la coquetterie féminine, c'est la femme ajoutée à la nature.

Regardez maintenant un tableau de genre, même très réaliste : vous serez surpris de tout ce que l'on doit trouver en dehors et en plus des objets qui y sont représentés, et quelques citations prises dans les lettres du peintre lui-même vous prouveront qu'on a le droit d'y trouver cela et justifieront la part que nous attribuons ainsi à l'idée.

Je vous montre, par exemple, *les Glaneuses* de Millet. Vous me dites : « Laissez, je vais vous dire tout ce que je vois dans le tableau : je vois trois femmes au premier plan, deux qui ramassent des épis et une qui lie sa glane, puis un champ de chaume fraîchement coupé ; au fond, des gerbes, une voiture qu'on charge, des meules, le maître du champ qui surveille ses moissonneurs, et enfin les toits du village encadrés par de grands arbres. Voilà ! » Et vous croyez que c'est tout ? Regardez bien et vous verrez que vous avez oublié plus de la moitié de ce qu'il fallait dire. Je vois pour moi bien d'autres choses. Je vois sans doute d'abord tout ce que vous venez de dire : mais tout cela pourrait exister dans un tableau sans que ce tableau fût pour cela un chef-d'œuvre, sans qu'il fût de Millet, et même si ce n'était qu'une horrible croûte. En plus des objets peints, il y a ici Millet lui-même : *Homo additus naturæ ;* il s'y est mis, je le vois, je le reconnais ; si bien que je ne pourrais comparer à celui-là un tableau qui ne fût pas de lui, et qu'au contraire je pourrais rapprocher de cette œuvre telle autre de Millet comme *l'Angelus*, par exemple, ou *la Ber-*

gère : c'est la même main, c'est la même idée,
c'est la même âme, la même manière de comprendre la nature et de la sentir, c'est le même
homme enfin. Deux œuvres de deux auteurs
différents ou de différentes écoles, c'est comme
deux natures, deux mondes distincts, et, au contraire, il y a un lien d'unité entre les œuvres les
plus diverses d'un même artiste ; elles se ressemblent comme des sœurs, elles sont de la même
famille ; elles ont en elles l'âme de celui qui les
a faites.

Je verrai donc surtout dans le tableau de
Millet, si je sais le voir et le goûter en véritable amateur d'art, tout ce qu'il y a mis de
lui-même. L'art de la composition d'abord, il
est admirable ici : les glaneuses font tout le
sujet de l'œuvre : elles remplissent, pour ainsi
dire, toute la toile ; elles sont là devant nous,
tout près de nous, à deux mètres ; elles s'imposent, elles sont tout : le reste n'est que pour les
contenir, les situer, les mettre en valeur. Et
puis comme elles sont bien posées ! Elles sont
glaneuses et rien d'autre : elles sont toutes à
leur rustique et fatigante besogne. « Je cherche
d'abord, dit Millet, à exprimer dans ce que je
fais le sens rustique... Ma devise serait volon-
tiers : *Rus*. » C'est donc bien une idée qu'il
veut rendre et un sentiment qu'il veut exprimer : l'idée et le sentiment de la campagne.

Dans *la Femme qui revient du puits*, ajoute-t-il, j'ai tâché de faire qu'on ne puisse la prendre ni pour une porteuse d'eau, ni pour une servante ; qu'elle vienne puiser de l'eau pour l'usage de sa maison, l'eau pour faire la soupe à son mari, à ses enfants ; qu'elle ait l'air de n'en porter ni plus ni moins lourd que le poids des seaux pleins ; qu'au travers de l'espèce de grimace qui est comme forcée à cause du poids qui lui tire sur les bras et du clignement d'yeux que lui fait faire la lumière, on devine sur son visage un air de rustique bonté. » Voilà, n'est-ce pas, pour un réaliste bien des préoccupations en dehors de la réalité, voilà bien des explications d'ordre moral, bien des détails qui sembleraient à nos modernes critiques plus littéraires qu'artistiques.

Si Millet avait commenté les *Glaneuses*, il aurait pu s'étendre avec autant de raison sur l'attitude et le geste des personnages dans lesquels se résument, pour ainsi dire, le caractère et l'idée de l'œuvre tout entière. Il nous aurait dit son souci du geste convenable. Celui des glaneuses assurément démontre plus d'effort. Voyez comme elles sont courbées sous le soleil, courbées aussi sous le poids plus lourd encore de la vie : c'est leur pain, c'est celui de leurs enfants qu'elles mendient ainsi à la terre ; si endurcis que vous supposiez leurs robustes corps de paysannes rompus au travail des champs, comme cela doit être long une journée passée ainsi ! Comme on voit qu'elles peinent et comme elles ont besoin de temps en temps de se reposer un peu, comme celle qui lie sa gerbe, ou de faire diversion à la monotonie et à la continuité de l'effort, comme celle qui tient sur son dos sa glane pour soutenir son bras gauche fatigué. Ne voyez-vous pas comme moi tout ce qu'il y a là d'idée dans le réel, d'idée cherchée, d'idée voulue ?

Allons plus loin. On parle du geste auguste du semeur ; ne le trouvez-vous pas plus auguste encore dans sa simplicité et plus sublime, celui de ces pauvres femmes ? Vous croyez qu'elles travaillent. Et moi je vous dis qu'elles font plus : elles prient. Le peintre qui a su nous faire entendre au fond de la plaine infinie tinter dans le vieux clocher de pierre les coups de l'Angélus, a voulu donner dans ses *Glaneuses* un incomparable commentaire de la prière divine : Donnez-nous aujourd'hui notre pain quotidien ! Le pain du pauvre, chose sacrée, chose sainte entre toutes, mais combien plus sainte et plus sacrée, quand, acceptant des mains du Dieu qui l'a voulu le fardeau d'une vie qui tous les jours apporte les mêmes besoins, il mérite par son effort de tous les jours de voir exaucée sa quotidienne prière !

Et comme, dans sa sublime profondeur, le geste est simple pourtant ! Car si l'on exprime l'idée, il ne faut pas toutefois insister ni appuyer trop. Cela sentirait l'effort et nuirait à l'expression même de l'idée. « J'ai évité, dit encore Millet, avec une espèce d'horreur, ce qui pourrait regarder vers le sentimental ! » Les personnages sont de vrais paysans ; ils font une besogne quotidienne qui est, en effet, l'habitude de leur vie et comme la spontanéité de leur nature. Ils ont accompli cette tâche depuis toujours et les ancêtres leur en ont transmis l'accoutumance. Ils ne sont ni gauches ni empruntés dans cet effort ; de là vient tout à la fois la simplicité de leur geste et aussi sa dignité. La campagne que peint Millet est poignante par tout le durable passé qui demeure en elle immuable, et que l'on aperçoit, et dont la persistance se devine et dans les gens et dans les choses.

Voulez-vous encore une autre preuve de ce mélange conscient de l'idée avec le réel ? Voici ce que dit Millet à propos d'un de ses plus célèbres tableaux, *la Tonte des moutons* : « Dans les moutons qu'on vient de tondre, j'ai cherché à exprimer cette espèce d'hébétement et de confusion qu'éprouvent les moutons quand on vient de les dépouiller, et aussi la curiosité et l'ébahissement de ceux qui ne sont pas encore tondus, en voyant revenir parmi eux des êtres aussi nus ; — que l'habitation ait bien un air rustique et paisible ; qu'on puisse supposer le clos en herbe où sont plantés les peupliers qui doivent l'abriter ; que cela ait un air d'assez antique fondation pour que des générations y aient déjà vécu. »

La même lettre de Millet commente un autre tableau : *Une femme donnant le déjeuner à ses enfants*. « Je voudrais que ce soit comme une nichée d'oiseaux à qui leur mère donne la becquée. L'homme travaille pour nourrir tout cela... Puis dans le cas où vous jugeriez nécessaire d'en faire la remarque, je désire, dans ce que je fais, que les choses n'aient pas l'air d'être amalgamées au hasard et pour l'occasion, mais qu'elles aient entre elles une liaison indispensable et forcée, que les êtres que je représente aient l'air voués à leur position, et qu'il soit impossible d'imaginer qu'ils pourraient être autre chose. »

Ces longues citations d'un ton si parfaitement idéaliste, et surprenantes vraiment chez un peintre de l'école réaliste française, nous ont mis tout de suite, vous le voyez, au cœur même de notre sujet. C'est pour cela sans doute que je vous les ai reproduites, comme aussi pour jouir avec vous des belles œuvres qu'elles expliquent ; mais c'est pour autre chose encore.

J'ai voulu répondre ainsi d'avance à une objection qu'on fait souvent à ceux qui veulent comprendre les œuvres d'art avec leur âme, ou qui veulent y saisir l'âme de l'artiste : « Vous faites de la littérature avec l'art ; vous le profanez, vous lui apportez des éléments dont il n'a pas besoin, dont il ne veut pas, qui ne tendent ni plus ni moins qu'à le détruire. L'artiste est artiste et pas autre chose ; c'est-à-dire artisan de son art, technicien habile ; musicien, il ne veut que manier des sons ; peintre, il se joue avec la lumière ; sculpteur, il commande à la matière. Si vous cherchez autre chose, vous sortez de l'art, vous vous perdez dans le domaine de l'imagination, vous faites de la critique poétique, vous dites des mots pour ne rien dire : vous ne connaissez rien à l'art véritable... » C'est en ces termes que l'on traite tous les jours, au nom de l'Art moderne (avec un grand A), ceux qui se permettent de penser en face d'une œuvre d'art. Vous conviendrez que c'est grave et que cela pourrait faire peur.

Ne nous effrayons pas trop pourtant. En face de ces prétentions d'une école qui porte comme toutes les écoles un nom en isme, et qui s'appelle le snobisme, école de bluffeurs et de cervelles creuses, de gens qui ne trouvent de pensée nulle part, parce que peut-être ils ne savent pas penser, ne craignons pas de revendiquer bien

haut ce qu'on pourrait appeler, si ce n'était
pas un mauvais jeu de mots, « les droits de
l'homme » dans la représentation artistique de
la nature. Ne craignons pas de paraître ainsi
un peu en retard sur notre temps : Millet est, si
vous voulez, un peu 1830 ; pour vous donner
le dernier cri en matière de critique d'Art, j'ai
lu le *Tour du Salon*, article publié par
M. Edouard Sarradin dans le *Journal des Débats* du 30 avril 1912. Ce n'est pas vieux comme
vous voyez : eh bien ! malgré l'époque, malgré
la mode à laquelle il faut bien sacrifier un peu, au
milieu de toutes les descriptions de couleur, de
toutes les remarques de pure technique et de
virtuosité, à chaque instant, à chaque pas de la
rapide promenade qu'on nous fait faire, l'idéalisme déborde. Tantôt il est, pour ainsi dire,
entre les lignes et on le devine toujours présent ; tantôt il est indiqué d'un mot ; tantôt, à
propos d'une œuvre plus pleine d'idée que de
choses, il prend la place principale.

En voici un exemple : « C'est un ouvrage très
personnel, nous dit-on, que le tableau qui a
pour titre : *En attendant le Docteur*, de l'Amé-
ricain Mac Cameron. La particularité et la
vigueur du ton, l'expression physionomique, la
signification morale s'accordent à fonder le mérite de ce tableau. Quelle signification morale ?
M. Mac Cameron n'a-t-il pas voulu simplement

nous montrer de pauvres gens tourmentés par la maladie d'un enfant ? Non, M. Mac Cameron n'a pas voulu cela simplement. Cet enfant rachitique, endormi sur les genoux de l'homme, porte en lui une hérédité dont cet homme est responsable. N'a-t-on pas reconnu en celui-ci l'un des alcooliques que le même auteur nous fit voir en d'autres toiles ? Mais cette misère, cette détresse résignées, sont émouvantes, font douloureusement penser. »

« *Le Retour des champs* de M. Ferdinand Maillaud est peut-être le plus valeureux tableau que le Berry lui ait inspiré. On y aimera la couleur grave et dorée, le ciel, les délicats lointains, et cette sorte de *poésie* rustique qui n'est que l'expression émue de la vérité. »

Ne la trouvez-vous pas comme moi tout simplement exquise cette formule d'art : une poésie qui est l'expression émue de la vérité ! Comme nous voilà loin des froides analyses, où, à l'imitation des œuvres qu'ils décrivent ou jugent, les critiques entassent le jaune sur le rouge, le violet sur l'ocre, le vert sur le jus de tabac ! Comme nous avons conscience de la beauté d'un art ainsi compris ! Comme cela nous plaît à nous qui ne sommes pas des esthètes, à nous les non-initiés, à nous tout le monde, que l'art soit ainsi, par son côté le plus élevé et son plus noble élément, accessible à tous, qu'il ne soit pas le privilège de quelques-uns qui jouissent, ils le disent du moins. d'une seconde vue par où ils ne voient pas les choses comme le vulgaire, de quelques virtuoses de la palette pour qui les petits tas de peinture à l'huile jetés au hasard, ou à peu près, sur un bout de toile entre les montants d'un cadre n'ont pas de secrets. Je crois autant que personne à l'importance de la technique et du faire dans les arts plastiques : nous aurons d'ailleurs l'occasion d en reparler. Mais ce dont je désire vous convraincre, parce que j'en suis moi-même intimement convaincu, c'est que cette technique n'est pas tout, c'est qu'elle n'est, à tout prendre, absolument comme l'imitation elle-même de la nature, qu'un moyen : la fin. le but que l'on doit chercher par ce moyen, c'est l'expression d'une idée.

Ah ! vous nous reprochez de profaner l'art ! Ah ! vous nous traitez de barbares et de philistins, parce que nous sommes émus, et que nous l'avouons devant un beau tableau et que nous nous laissons prendre au sujet lui-même et à l'idée ! Ah ! vous dites que nous nous lançons ainsi dans les illusions et dans les chimères et que nous prêtons aux artistes des idées et des sentiments qu'ils n'ont jamais eus, auxquels ils n'ont jamais pensé ! Mais, dites moi, qu'en savez-vous vous-mêmes, et où avez-vous vu qu'ils n'y ont pas pensé ? Tout dans leur vie, dans leurs lettres, dans leurs conversations, dans leurs mémoires s'ils en ont écrit, dans la critique qu'ils ont faite des œuvres de leurs devanciers et de leurs contemporains, tout nous montre, au contraire, qu'ils se placent encore plus souvent au point de vue de l'idée, du sens d'un sujet, de sa composition, de la poésie qu'il contient, qu'au seul point de vue de la technique.

Et enfin, est-ce que ce serait vraisemblable qu'ils ne fussent, comme vous dites, qu'artistes, que virtuoses ! Comment ? lorsque je vois un tableau pour la première fois, ou que je le contemple quelques instants, il me vient en foule des idées de toutes sortes sur le sujet qu'on me présente ; il fait naître en moi tout un monde de sentiments ; mon imagination se prend ; mon cœur tressaille ; je suis possédé tout entier par ce que je vois. Et vous voudriez que l'artiste lui-même, qui a travaillé son œuvre avec amour pendant des semaines, des mois, des années, pour qui elle était tout, qui ne vivait que pour elle, qui en était possédé, lui, d'une manière bien autrement puissante que le simple spectateur, vous voudriez que cet homme eût la tête vide et le cœur froid pendant tout ce temps ; vous voudriez qu'il n'eût pas eu d'idées, qu'il n'eût rien compris des choses que nous trouvons dans son tableau ; qu'il n'y eût pas pensé, qu'il ne les eût pas aimées, qu'il n'eût pas dégagé toute la poésie qu'elles contiennent ! Pour moi, je crois qu'on peut commenter tant que l'on voudra une belle œuvre, à condition, bien entendu, de rester dans le sujet, de ne pas se perdre dans les nuages, et de ne pas substituer sa propre personnalité à celle de l'artiste ; je dis que jamais on ne trouvera trop d'idées dans un chef-d'œuvre et qu'on en trouvera toujours moins que le peintre n'en a eu lui-même.

*
* *

Un tableau exprime donc une idée. Quelle idée ? Mais toutes les idées, n'importe lesquelles. Il n'y en a point que l'on doive proscrire, sauf celles qui, déshonnêtes ou purement techniques, dériveraient l'esprit du spectateur vers des émotions ou des intérêts par trop étrangers à l'art. Mais, sauf cette restriction, oui, toutes les idées, les vraies ou les fausses, les plus graves et les plus légères, les plus profondes et les plus superficielles, les plus claires et les plus troubles, les plus simples et les plus complexes ; celles que l'on appelle impressions et qui se donnent à peine pour des idées, tant elles sont fugitives, frêles et difficiles à formuler ; celles que l'on appelle sentiments et qui ne prétendent à nulle autre véracité que personnelle, intime ; celles, au contraire, qui revendiquent la rigueur des dogmes..., toutes les formes de la pensée enfin (1).

Vous voyez combien est étendu le champ ouvert à l'artiste : il ne l'est pas moins dans le monde moral, dans le monde de l'âme, que celui qui lui est offert dans le monde réel, dans le monde des corps, dans l'immensité de la nature ; rien ne lui est fermé, tout lui appartient. Entrez, lui dit-on, tout est vôtre.

La première idée qu'il veut exprimer, et nous nous en tiendrons à celle-là pour ne pas trop nous étendre, c'est l'idée religieuse, c'est l'idée de Dieu. Chateaubriand dit que l'homme n'a pas commencé par parler, mais qu'il chanta d'abord et que les premiers chants que sa voix fit entendre aux échos du paradis terrestre furent un hymne de reconnaissance au Créateur. « Ainsi, dit M. André Beaunier, n'est-ce point une chose admirable et vraiment pathétique que la peinture des temps modernes, car je laisse de côté toute considération sur la peinture antique des Grecs, des Romains et des Orientaux, — que la peinture des temps modernes se soit d'abord appliquée à l'idée de Dieu, c'est-à-dire à la plus complexe, à la plus difficile des idées et à la plus intangible et à la plus immatérielle, à celle enfin que les

____

(1) André Beaunier, *L'Art de regarder les tableaux*.

lignes et les couleurs semblaient le moins aptes à signifier ? »

Je me permettrai de répondre à M. André Beaunier qu'il n'y a rien là de bien surprenant au fond. Oui, le Dieu des philosophes serait difficile à représenter, et il serait assurément aussi peu artistique que possible. Mais le Dieu qui s'est fait homme, le Dieu qui a voulu s'associer à la nature qu'il avait créée, en faire partie si je puis dire, qui a réuni en lui les deux pôles opposés, le Verbe et la chose, l'idée et la matière, un tel Dieu ne s'offrait-il pas de lui-même comme un sujet d'art ; l'idéalisme et le réalisme n'étaient-ils pas d'avance réconciliés en Lui ? Les mystères de la vie du Christ se présentent comme des tableaux, comme des scènes toutes faites, toutes composées d'avance, toutes en couleur. Bethléem et l'étable, la fuite en Egypte, Nazareth, les campagnes de Judée, le Thabor, Béthanie, le Cénacle, Gethsémani, le prétoire, le Calvaire, le jardin de la résurrection, l'auberge d'Emmaüs, le mont des Oliviers : est-ce que tous ces noms auxquels sont liés les plus sublimes et les plus saints mystères de notre foi ne vous rappellent pas en même temps quelques-uns des chefs-d'œuvre les plus connus de l'art religieux ?

Cet art est né dès les premiers siècles, dès les premières années du christianisme : il eut d'abord

un but pratique, il fut une leçon de catéchisme :
il apprit aux fidèles à connaître, mieux qu'ils
n'eussent fait dans les livres, les éléments de la
science religieuse et les principaux faits de l'histoire sainte. A une époque où très peu de gens
savaient lire, les tableaux, les fresques murales,
les vitraux, regardés par les fidèles tandis que
se célébrait l'office en langue latine devenue pour
eux inintelligible, contenaient un enseignement
manifeste. Aussi une bulle pontificale en re-
commande-t-elle la présence dans les églises.
Nombre de sermons du moyen âge ne font que
commenter la pieuse imagerie de verre peint
que les fidèles avaient sous les yeux. Nous avons
un témoignage significatif et touchant de cette
influence édificatrice qu'eut, au xve siècle encore,
cet art religieux. Villon, notre aimable poète
lyrique, écrivit « à la requeste de sa mère » une
ballade « pour prier Notre Dame » ; et la vieille
mère dit :

> Femme je suis, povrette et ancienne
> Qui rien ne sçay, oncques lettres ne lus.
> Au moustier voy, dont suis paroissienne
> Paradis painct, où sont harpes et luz
> Et un enfer où damnés sont boullus.
> L'un me fait paour, l'autre joie et liesse.
> La joie avoir faictz moi, haute déesse,
> A qui pécheurs doivent tous recourir.

Le « moustier dont vous êtes paroissiennes »,

Mesdames, est notre cathédrale, et c'est la cathédrale de Chartres. Est-ce que vous savez lire aussi bien que la bonne femme du xve siècle dans l'incomparable catéchisme en images où se joue en mille feux d'or, d'azur, de topaze, d'émeraude, le soleil du matin, de midi, du soir ; qui arrête pour la prendre en ses réseaux et la muer en lumière sainte, la lumière du dehors trop éclatante, trop bruyante, si je puis dire, trop imprégnée de matière et de volupté, trop païenne pour les yeux chrétiens qui cherchent, des profondeurs mystérieuse des nefs, une éclaircie vers l'au-delà lointain.

Nous n'avons dans notre église que des traces informes de la peinture religieuse. Mais, en même temps que nos verriers posaient leurs fenêtres, Cimabue peignait à Florence la Vierge aux Anges, œuvre idéaliste s'il en fut. Elle est au Louvre, au fond de la petite salle des Primitifs italiens où l'on ne va guère, à cause des diamants de la Couronne voisins de là et qui retiennent tous les badauds.

C'est avec un respect infini, si l'on aime les choses de l'art, que l'on contemple l'œuvre de Cimabue. Certes, elle étonne d'abord par son aspect farouche, la gaucherie des attitudes, la rudesse du dessin, la monotonie de la couleur. Il est austère, dépourvu de grâce et d'agrément. La Vierge, assise incommodément sur un haut fauteuil de bois sculpté, est lourdement vêtue d'un manteau bleu à capuchon qui laisse passer le bord d'une robe rougeâtre. Elle porte en ses bras l'enfant. Des anges soutiennent le trône ou s'y appuient : le geste n'est pas bien défini. A droite et à gauche, symétriquement disposés, pareils deux à deux, ils sont là, témoins muets et immobiles. Les visages se ressemblent, avec les mêmes yeux mornes, le vermillon des joues, les bouches impassibles. Les mains longues aux longs doigts parallèles ne frémissent ni ne bougent. Du bleu, du rouge, du brun foncé, du brun clair, un peu de rose et de gris, chacun de ces tons en masses étendues, nettes, distinctes, c'est tout, sur un fond d'or terni... Mais cette grande image malhabile émeut par sa forte et franche facture. Il n'y a ni sensibilité, ni inquiétude, dans cet art : il vaut par la certitude, la sérénité robuste, la puissance simple... On peut rêver longtemps en présence de cette Madone aux regards fixes. Dans l'expression que le peintre lui a donnée, on démêle des souvenirs de l'esthétique byzantine, mais avec quelque chose de moins hiératique, de plus humain : et l'on tâche d'y discerner ce que l'artiste y a mis volontairement et ce qu'y ajouta son dur pinceau peut-être, mal obéissant à son rêve. Ainsi cette œuvre saine et d'inspiration peu compliquée, semble-t-il, tourmentée cependant, attire et déconcerte. Elle est loin de nous. On la sent noble et magnifique ; on craint de n'en point saisir toute la beauté (1).

Giotto, disciple de Cimabue, est né en 1266, six ans après la consécration de la cathédrale de Chartres. Sa peinture est donc de cette époque, de ce xiiie siècle tout rempli (comme on nous l'exposait si éloquemment il y a quelques jours) (2) de l'idée chrétienne. Son *Saint François recevant les stigmates* est au Louvre, à gauche de la Vierge aux Anges. L'attitude du saint, accablé et presque renversé par la force de la vision, est très expressive. C'est bien le seul souci de rendre l'idée et de l'exprimer dans toute sa puissance qui a dirigé l'artiste. Voyez comme les yeux du saint, comme tout son visage contracté exprime l'effroi, la souffrance : on dirait que tout son être physique regimbe contre la torture extatique, contre la crucifixion mystique, mais infiniment douloureuse qu'imprime à ses mains, à ses pieds, à son côté la vision céleste. Il nous semble que c'est ainsi que dut être le Christ quand il priait au jardin et qu'il reculait devant l'horreur du calice amer. Il y a, du reste, de Giotto une *Prière du Christ au jardin...*

(1) André Beaunier, l'*Art de regarder les tableaux*.
(2) Allusion au magnifique discours que M. l'abbé Sertillanges venait de prononcer à Chartres, à la réunion des *Amis des Cathédrales*.

La montagne qui forme le fond du tableau est un progrès dans le sens de la réalité, puisqu'elle remplace le fond d'or immuable des images byzantines ; mais voyez comme elle reste encore dans l'idée pure ! Les objets sont là indiqués, j'allais dire nommés, plutôt que peints. Si vous dites ou si vous écrivez montagne, arbre, tour, chapelle, vous appelez aussitôt, c'est-à-dire vous voyez en vous-même et vous suggérez à ceu qui vous entendent ou qui vous lisent l'idée toute simple d'une montagne, d'un arbre, d'une tour, d'une chapelle. Ainsi nous savons par les *Fioretti* ou *Petites fleurs de saint François* que la vision des stigmates eut lieu dans la montagne qui domine Assise, non loin de la petite église de la Portioncule, du château d'Assise et de l'oratoire de saint François, tout près aussi du jardin où le saint se retirait pour prier. Il faut que tous ces détails, une montagne, une tour, deux églises, nous soient indiqués. Ils le sont : on nous en donne, pour ainsi dire, l'idée générale, le schéma, dans une image aussi simple que possible, qu'on n'a point travaillée exprès pour elle, parce que l'importance qu'on lui aurait donnée eût nui à l'expression de l'idée principale ; qu'on a mise là avec une préoccupation indéniable et tout à fait nouvelle de réalisme. Réalisme très élevé sans doute, réalisme très pur, réalisme d'idées, si l'on peut dire. Cette première intervention quasi spirituelle et immatérielle de la réalité n'est, suivant la belle formule de M. André Pératé, qu'une protestation de la nature contre la servitude hiératique qui avait si longtemps pesé sur l'Art. Mais ce n'est pas encore la nature traitée pour elle-même. Cela viendra et il faut bien dire que l'idée religieuse n'y gagnera pas. Pour le moment, on est tout à l'idée ; la nature n'est là que pour l'expression même de l'idée, pour son expression, comment dirai-je, complète et historique.

Remarquez aussi la prédelle où Giotto nous donne presque en miniature trois épisodes de la vie de saint François. A gauche, saint Pierre montre au Pape, dans un songe, l'église Saint-Jean de Latran, mère de toutes les églises, menacée de ruine et soutenue par le pauvre d'Assise ; au milieu, le Pape, entouré des cardinaux, remet au saint la bulle d'approbation de son ordre ; à droite, saint François prêche aux oiseaux : tout cela ressemble à un abrégé de la vie du saint qu'on a voulu nous proposer ; tout cela, c'est presque plus de l'histoire que de la peinture. L'art est au service de l'idée : il ne semble chercher qu'elle : sans elle, il n'aurait pas de but ; plus loin qu'elle, il serait inutile ou peut-être nuisible.

C'est ainsi que l'on doit expliquer le peu

de cas que font Giotto et tous les Primitifs des proportions dans le dessin. Je vous ai fait remarquer dans une précédente conférence que l'oratoire qui est au premier plan est plus petit que le saint lui-même, placé pourtant un peu plus loin. L'oratoire est certes par trop minuscule. Cela étonne ; on se demande comment saint François et ses frères faisaient bien pour entrer par cette petite porte et tenir dans cette église grande comme une châsse. Cela étonne, et l'on sourit, et, pour expliquer cette bizarrerie, on signale la « naïveté » de ces artistes anciens.

La naïveté ! C'est bientôt dit, mais l'art de Giotto n'est pas naïf ; Giotto le voyait bien comme nous que sa chapelle était pour son saint trop petite. Alors ? Alors, il ne souffrait pas de cette disproportion. Son réalisme n'était point tel qu'il voulût restreindre ses compositions au contenu strict du champ visuel. Une construction avec une porte gothique, avec un vitrail au-dessus ; un autre vitrail sur le côté ; quelques indications de sculptures le long du toit : cela suffit pour donner l'idée d'une église, pour faire, si vous voulez, un symbole d'église : pourquoi chercher autre chose ? Vous vous représentez bien l'église quand, dans la vie poétique du saint, on écrit simplement le mot : pourquoi ne pourriez-vous pas vous la représenter aussi bien quand on vous donne dans un tableau une image d'église simplifiée sans doute, mais capable d'évoquer en vous une image plus complète, mieux proportionnée, plus réelle ?

On vous laisse, à vous spectateur, le soin de suppléer à tout ce qui manque. On n'a voulu que vous suggérer une idée : l'idée générale du tableau qui est l'idée de la sainteté transfigurée par l'extase, et puis l'idée du fait historique : tel épisode de la vie de saint François ; et puis enfin, l'idée de chacun des détails accessoires qui entourent, soulignent, expliquent, situent cet épisode en lui donnant son cadre naturel. Ainsi l'idée, l'idée et toujours l'idée. Elle absorbe tout, elle est tout. Le réel n'est là que pour l'évoquer et la soutenir.

Si vous vous rappelez ce que nous disions la dernière fois de la conception et de la manière des Hollandais réalistes, nous sommes aujourd'hui, pardonnez-moi l'expression, au pôle opposé ; c'est, si voulez, l'autre excès, car je suis sûr que vous le pensez comme moi, ce n'est pas moins un excès de vouloir représenter l'idée toute seule que de prétendre reproduire la chose uniquement pour elle-même. Idée et chose sont deux extrêmes qu'il faut absolument rapprocher ; l'art souffre à vouloir favoriser l'un aux dépens de l'autre, et c'est dans leur union seule qu'il réside et qu'il s'épanouit.

Je pourrais vous donner une foule d'exemples tirés des Primitifs, pour vous montrer que ces peintres souvent si méconnus, dont l'art est d'ailleurs un peu primitif comme cela se comprend tout seul, et comme il ne faut pas faire difficulté de l'avouer, et par là embarrassé de beaucoup de maladresse, d'inexpérience et de gaucherie, ont été avant tout et surtout des peintres de l'idée, de l'idée religieuse surtout, et donc les premiers représentants de l'école idéaliste. Je sais tout ce que peut avoir d'incomplet une pareille démonstration, mais le temps nous presse.

J'ai hâte de passer au peintre par excellence de l'idée religieuse, à ce Fra Angelico de Fiesole, dont on a pu croire que son art était venu des cieux et que les anges avaient guidé son pinceau. Le sentiment religieux a trouvé en lui son expression la plus pure et la plus merveilleuse. « Je ne sais, écrit M. André Beaunier, si la peinture fut jamais plus excellemment expressive, et des idées les plus belles, les plus variées, les plus délicates. Le sentiment religieux avait-il fleuri, s'était-il épanoui jamais avec autant de simplicité ravissante et de fraîcheur qu'en l'âme de ce moine pensif et doux ? »

Il ne prenait pas le pinceau sans avoir d'abord prié. Et s'il peignait une crucifixion, les larmes lui coulaient des yeux. Son œuvre achevée, dans la ferveur de son pieux émoi, il ne la retouchait pas, voulant, disait-il, qu'elle fût telle que Dieu la lui avait indiquée. Il y a un portrait de lui dans les *Vie des peintres, sculpteurs et architectes* de Vasari. La tête inclinée et soumise est admirable par l'intensité du rêve qui l'emplit. Les traits du visage ont une douceur calme et reposée. Seuls vivent les yeux et, sur le front, les plis opiniâtres de la pensée ; et les yeux regardent, au dehors, l'image de la pensée intérieure... Bref, l'idéal portrait qu'on veut d'un peintre idéaliste.

Il le fut, plus que qui que ce soit. Quel fut son maître ? On l'ignore. Il put croire que Dieu dirigeait ses doigts : son art ne dépend que de son âme religieuse. Il naquit aux environs de Florence, en 1387, et il mourut en 1455. Nous ne savons pas grand'chose de sa personne, de sa famille, de son existence. Il s'appelait Guido ; Giovanni ou Jean est son nom de moine ; Angelico est le surnom qu'il sembla tout naturel de donner au peintre. A vingt ans, il entra chez les dominicains de Fiesole.

Il partagea la destinée de son couvent, émigra de Fiesole à Foligno, puis, à Cortone, revint quelques annnées plus tard à Fiesole avec la communauté. Il séjourne dix ans à Florence au couvent de Saint-Marc, puis à Rome où il est appelé par le Pape. Il a marqué ces étapes de sa vie par les

chefs-d'œuvre qu'il a laissés dans ces différentes
villes. Mais partout il est le même et les circonstances n'influent pas sur son noble rêve qui
continue sans que rien puisse l'en détacher. De
tous les troubles qui bouleversèrent alors l'Eglise,
rien n'apparaît dans son œuvre sereine et déta-
chée de tout ce qui n'est pas éternel. Dans le
cloître du couvent de Saint-Marc, une fresque
de l'Angelico représente saint Pierre martyr,
un doigt sur la bouche prêchant le silence ; et
les yeux ne sont pas moins indifférents à tous
les vains spectacles du monde que la bouche
n'est muette. C'est la pensée de l'Angelico lui-
même, la pensée qui se garde aussi des agita-
tions extérieures et s'isole en elle-même, rayon-
nant de sa propre beauté que rien n'altère ni
n'obscurcit.

L'idée religieuse est toute contenue dans
l'Evangile et dans la vie des saints, qui est
l'Evangile en action. Et toute l'œuvre de
Fra Angelico n'est que l'Evangile et que la
vie des saints en peinture. Mais quelle peinture idéalement évangélique ! On pense en la
contemplant au mot profond du Sauveur :
Regnum meum non est de hoc mundo. Mon
royaume n'est pas de ce monde. Ou encore
à cette autre parole : « Le temps est venu
où de vrais adorateurs adoreront le Père
en esprit et en vérité. » Cette peinture n'est

pas de la terre ; elle est du ciel et elle prie ; tout est foi, tout est idée, tout est contemplation de l'âme. Non seulement l'image elle-même est représentative de l'idée, mais tout dans l'image, le dessin, le groupement des personnages, les gestes, les attitudes, tout prêche la foi au Christ, l'amour du Christ, la vertu du Christ.

La couleur elle-même dont malheureusement nous ne pouvons guère parler ici, puisque nos vues ne la rendent pas, la couleur elle-même a conservé à travers les siècles une fraîcheur presque incompréhensible et comme immatérielle ; elle a la transparence et le rayonnement des pierres précieuses dont la mystique chrétienne a interprété les vertus : le rubis, le saphir, la topaze et l'émeraude, mêlés à l'argent et à l'or, parent de splendeur les vêtements aériens de la Vierge. des saints, des anges. On dit, et c'est vrai, qu'il y a un symbolisme des couleurs : chez l'Angelico, les couleurs symbolisent la foi, la charité, la joie dans le Seigneur, la béatitude éternelle, le calme et la candeur de l'âme en possession d'elle-même et de Dieu.

Je veux vous raconter brièvement cet Evangile, en faisant passer devant vos yeux quelques bonnes reproductions des principaux chefs-d'œuvre de Fra Angelico.

Voici d'abord un Evangéliste, *saint Jean,* que

l'on voit dans un ciel bleu d'outre-mer semé d'étoiles d'or, à la voute de l'admirable chapelle de Nicolas V, au Vatican. Remarquez l'attitude du saint qui, avant de commencer son travail, semble écouter la voix de Celui qui lui dicte : « Au commencement était le Verbe, et le Verbe était Dieu... » Il y a dans cette seule attitude toute une théologie de l'inspiration des écritures : moyens humains : un homme qui a une plume, un livre pour écrire ; qui écrit, comme les autres hommes, mais sous la dictée de Dieu : l'Evangile est un livre dont Dieu est l'auteur avec un homme pour secrétaire.

La naissance de saint Jean-Baptiste, aux Offices de Florence. Zacharie écrit sur la tablette : « Jean est son nom ! » Il faut remarquer dans ce tableau la simplicité du sujet fait de presque rien, la pose si modeste et si religieuse des personnages, le peu de recherche et cependant le naturel parfait de ce décor pris sur la cour.

Le mariage de la Vierge, au musée des Offices à Florence. Tableau plein de mouvement du côté des prétendants à la main de la Vierge. Mécontents de n'avoir pas vu fleurir leurs bâtons desséchés, ils les brisent avec fureur ; deux vont jusqu'à frapper du poing leur rival plus heureux. Saint Joseph tient en main sa verge fleurie miraculeusement. Du côté des femmes, c'est, au contraire, le calme, la modestie, la prière : elles semblent en contemplation devant ce premier des mystères divins : elles semblent comprendre que ce n'est point là un mariage ordinaire : la grâce et la modestie touchante de la Vierge les frappent d'admiration et leurs mains se joignent pour la prière.

L'Annonciation, au musée de Madrid. Le même sujet est traité aussi dans une cellule du couvent de Saint-Marc à Florence, mais plus simplement. Le décor est ici moins monacal : les colonnettes ont des chapiteaux ornés ; la Vierge, plus richement vêtue, a derrière elle une tapisserie, tandis qu'à Florence la chambre de Nazareth est une cellule de moine. Au fond, je préfère Florence. Le tableau que vous voyez est plus complet, c'est un vrai commentaire du mystère de l'Annonciation. A gauche, Adam et Eve chassés du Paradis terrestre : un ange leur annonce la venue de celle qui, par son immaculée conception et sa divine maternité, triomphera du serpent et sera le salut du monde. L'Ange qui parle à Marie a à peine posé les pieds à terre ; il se soutient encore de ses ailes et faisant à sa souveraine la plus gracieuse des révérences, il la salue, il la bénit, il lui annonce qu'Elle sera la Mère de Dieu. Marie, les bras croisés sur la poitrine avec une grâce, une modestie, une humilité impossibles à rendre par des paroles et que tout l'art du peintre arrive à nous faire comprendre, prononce la parole d'acquiescement à la volonté de Dieu : « Qu'il me soit fait selon votre parole... » Au même moment s'accomplit l'ineffable mystère, et l'Esprit, sous la forme rituelle de la colombe, descend dans un rayon de la lumière d'en haut pour féconder le sein bienheureux de celle qui sera la Mère du Verbe.

L'Adoration des Mages, fresque, à Saint-Marc de Florence. Le même sujet, peint sur une sorte de reliquaire pour un moine de Santa Maria Novella de Florence, est gardé maintenant dans une cellule de Saint-Marc. En haut encore l'Annonciation, sujet repris tant de fois par l'artiste.

Six épisodes de la vie de Jésus, à la galerie antique et moderne de Florence. *L'Annonciation, l'Adoration des mages, le Massacre des Innocents, les Noces de Cana, le Baptême du Christ, la Transfiguration*. En haut et en bas de chaque sujet, il y a un texte de l'Écriture et de l'Évangile. Le temps nous manque pour faire remarquer le mouvement, la variété, la piété, l'esprit religieux de ces tableaux. Le dernier, *la Transfiguration*, nous offre, avec ce grand Christ blanc, les bras étendus et les apôtres prostrés sous le coup de la vision divine, l'exaltation suprême de la foi chrétienne dans l'art.

Le Crucifiement est une magnifique fresque qui orne la salle capitulaire du couvent de Saint-Marc. C'est un des chefs-d'œuvre de Fra Angelico et de la peinture religieuse de tous les temps. Le couvent de Saint-Marc fut donné aux dominicains par Cosme et Laurent de Médicis ; saint Cosme, saint Damien, saint Laurent figurent, comme il était nécessaire, avec saint Marc, auprès du groupe désolé des saintes femmes ; mais ce qui est l'invention admirable de l'Angelico, c'est d'avoir conduit au pied de la croix où le Rédempteur est cloué, tous les saints fondateurs d'ordres, chacun exprimant sa douleur et son émotion avec une vérité d'attitude incomparable. Saint Dominique est le premier ; puis viennent saint Ambroise, saint Jérôme, saint Augustin, saint François, saint Benoît, saint Bernard, saint Romuald, saint Gualbert, avec saint Thomas d'Aquin et saint Pierre martyr ; ce sont les plus parfaits modèles que l'on puisse voir de figures saintes ; et rien ne saurait égaler la conviction ardente de saint Dominique, ni surtout la compassion amoureuse de saint François. Une série de médaillons contenant les portraits des plus illustres personnages de l'ordre dominicain, groupés autour de saint Dominique, forme en quelque sorte la prédelle de ce vaste et admirable tableau.

Je crois qu'il est difficile d'imaginer rien de

plus émouvant que ce grand crucifix qui semble dominer de toute sa hauteur la terre entière ; le Christ, dont la tête paraît toucher le ciel enténébré, embrasse de son grand et large geste d'amour l'univers qu'il est venu racheter. Mais son sacrifice n'est pas perdu, puisque le bon larron se convertit. Le Christ lui a dit : « Aujourd'hui, tu seras avec moi dans le Paradis », et le front du voleur brille de l'auréole des saints. Le Sauveur vient de dire aussi à saint Jean : « Voici ta mère », et à la Vierge : « Voici votre fils » et la sainte Mère à ces mots n'y tient plus et se pâme de douleur entre les bras des saintes femmes et de l'apôtre bien-aimé. Oh non ! il n'est pas perdu le grand sacrifice, et la mort du Sauveur ressemble à un triomphe plutôt. Il a été écrit : « Quand je serai élevé de terre, j'attirerai tout à moi. » Et voici qu'au pied de cette croix où il meurt, non pas en homme, regardez-le, mais en Dieu, voici venir la foule de ceux qui ont entendu sa voix : « Si quelqu'un veut venir après moi, qu'il porte sa croix et qu'il me suive ! » Voici donc venir la foule des saints, des humbles, des pauvres, des obéissants, des chastes volontaires ; la foule de ceux qui aimeront par-dessus tout autre amour Celui qui meurt là, qui aimeront pour Lui leurs frères, qui pour Lui sauront se dévouer corps et âme. C'est, dit Burckhardt, comme une lamentation douloureuse de toute

l'Eglise, de ses grands docteurs et de ses fondateurs d'ordres assemblés au pied de la croix.
Tant qu'il y aura un art, ces figures ne cesseront
d'être admirées pour l'intensité inimitable de
l'expression. Nulle part, les contrastes de l'abandon, de la douleur, de la convulsion, de la réflexion calme et profonde, ne s'offrent et n'agissent avec un ensemble si harmonieux.

Le Couronnement de la Vierge. Vous pourrez admirer, quand il vous plaira, ce chef-
d'œuvre du frère Angélique. Il est au Louvre.
C'est un inestimable joyau, l'un des plus magnifiques tableaux du maître. Voyez-vous ces anges
groupés autour du trône de Dieu ? Les uns
chantent, les autres jouent de divers instruments, font éclater la sonnerie triomphale dans
d'immenses trompes d'argent ; derrière eux, les
apôtres ; plus bas, de saints moines, des évêques ;
à droite, dans le groupe des saintes femmes,
sainte Catherine avec la roue, instrument de
son martyre ; sainte Agnès avec son petit agneau
sur les bras. Au centre, le Christ vêtu du manteau royal, le diadème sur la tête ; Marie à ses
genoux recevant la couronne et prête à s'asseoir
tout à l'heure à côté de son Fils. C'est toute la
foi en la grandeur du Christ, toute la croyance
aux divins privilèges de la reine des anges et
des hommes qui est exprimée dans la majesté de
cet incomparable chef-d'œuvre. C'est aussi la

croyance au définitif triomphe de ceux qui auront travaillé ici-bas, qui auront souffert, qui seront morts pour Dieu : les cieux seront un royaume : *Regnum cœlorum* ; il faut prendre ce mot non par métaphore, mais dans toute sa rigueur. Royaume des âmes, sans doute, nous le voyons bien en contemplant ces corps qui ressembleraient plutôt à des visions d'âmes, tant ils sont célestes, aériens, spiritualisés, des corps où la matière n'est plus rien, sous des vêtements qui se drapent avec une grâce et une grandeur tout idéales, dont la couleur même ne semble pas prise à la lumière d'ici-bas, mais qu'on dirait émanée d'un autre soleil et de cieux meilleurs ; mais un royaume quand même où dans la splendeur des fêtes éternelles et de l'éternelle lumière nous régnerons avec Dieu.

Le jugement dernier, Académie des Beaux-Arts, Florence. La partie inférieure de la composition est inspirée des fresques du Campo Santo de Pise. A droite et à gauche d'une double allée de tombeaux ouverts, les élus et les damnés sont accueillis par les anges ou chassés par les démons. L'enfer dantesque de l'Angelico est une reproduction fidèle de la fresque de Pise, mais le paradis est une des plus délicieuses inventions de son âme de poète. On croit qu'il s'est inspiré pour cette œuvre exquise de l'hymne attribuée à Jacopone de Todi, *Una rota si fa in cielo*.

« Une ronde se fait au ciel — de tous les saints dans le jardin, — où se tient l'Amour divin — qui s'enflamme de l'amour.

« Ils sont vêtus d'étoffes variées, — blanches, roses et bigarrées, — des couronnes dessus la tête, — et l'on dirait des amoureux. »

Sur un gazon fleuri, autour d'une source vive, parmi les palmiers et les roses, les anges dansent légèrement, et les âmes dont ils ont eu la garde entrent avec eux dans la danse. D'un mouvement joyeux, ils les convient à s'approcher ; ils les embrassent tendrement et les conduisent à la félicité céleste : plus loin, d'une porte ouverte dans un couvent tout rose, jaillissent des rayons d'or où les âmes montent vers la lumière.

Vous voyez ce qu'est l'idéalisme dans l'art. Personne ne pouvait mieux nous le faire comprendre que le moine à l'habit blanc, à l'âme plus blanche encore que sa robe, qui peignit sur les murs de San Marco toute l'idée chrétienne, peintre non des corps, mais des âmes, peintre de la pensée, de la foi, de la vertu, de la sainteté, de la gloire. « Le mot commun de toutes les peintures de Fra Angelico, de celles surtout qui vivent dans les cellules du pieux couvent de Florence, est : méditation. »

« Sur chaque acte du drame divin, dit M. Alfred Pichon, sur l'affreux dénouement du Calvaire surtout, le peintre arrête sa pensée et invite ses frères à méditer avec lui. Ce ne sont point des tableaux à amuser les yeux ; ce ne sont point des scènes en leur vérité historique qu'il veut peindre. Mais devant les récits sacrés qui sont l'éternel aliment de la vie religieuse, il prie et pleure, et veut faire pleurer et prier. Voilà pourquoi il ne s'attache point au décor réel des scènes qu'il évoque : mais devant elles il dresse ou il agenouille, pensifs comme de saints intercesseurs, Dominique, Pierre de Vérone, Marie elle-même, témoins recueillis de la scène sacrée, images et guides de la méditation pieuse. Ainsi recevons-nous de ces scènes une impression étrange : elles sont comme dépouillées de leur réalité, et semblent moins des scènes vues que des scènes pensées. »

Est-ce que vous croyez vraiment que l'art soit humilié de cette utilité morale et spirituelle qui lui est demandée ? Est-ce que vous ne pensez pas comme moi que cet art religieux, l'art d'un Fra Angelico, est un des plus beaux et des plus féconds qu'il y ait jamais eus précisément parce qu'il est un des plus expressifs de l'idée et de la pensée humaine, que dis-je ? de la pensée divine ? Est-ce que vous ne sentez pas, même après une aussi rapide visite, qu'il y a là

quelque chose de grand, quelque chose peut-
être d'unique au monde, quelque chose comme
une union mystique de l'art humain avec le
Verbe de Dieu, comme une fusion du ciel avec
la terre, comme une vision d'en haut qui, en
réjouissant nos regards avides, affamés, assoiffés
de beauté, tourne les yeux de nos âmes vers
la seule beauté, vers la seule splendeur, la
seule lumière, qui est le Christ ?

L'IDÉAL DANS LE RÉEL

L'IDÉAL DANS LE RÉEL

Ce que nous avons appelé l'idéal dans l'art,
c'est la part d'humanité qui se mêle dans l'œuvre
d'art à l'imitation de la nature, qui s'y mêle
nécessairement, sans qu'on puisse même imaginer une œuvre possible, réalisable, autrement
qu'avec ce mélange d'humanité. Le peintre le
plus froid, le plus impersonnel, le plus épris de
la nature pure, le plus réaliste en un mot, ne
peut pas ne pas se mettre dans son œuvre en
quelque manière. Celui qui a pris les sujets les
plus lointains, semble-t-il, de l'idéal, le peintre
de natures mortes, un Chardin qui peint des
casseroles, des chaudrons, des pots de confi-
tures et des bouteilles vieillies dans la poussière
et les toiles d'araignées ; les Hollandais qui
nous présentent de pauvres intérieurs, des
basses-cours, des écuries, un Cuyp, un Steen,
un G. Dou, tous ceux-là se sont mis dans leur
œuvre. Et qu'y ont-ils mis d'eux ? Mais tout :
leur caractère, leur esprit, leur amour de la
nature pour elle-même, leur âme enfin ; l'effort
même qu'ils ont tenté pour rester en dehors de

leur ouvrage, pour que le spectateur ne pensât pas à eux, est révélateur de leur personnalité désintéressée et les manifeste mieux que le plus lyrique abandon. « Un Flaubert qui refuse de se raconter et s'acharne dans sa résolution d'être objectif pose un personnage plus puissant que s'il avait écrit ses mémoires : à la lutte sa personnalité se marque au lieu de se diluer dans les complaisances d'un facile épanchement. »

J'ai dit et je répète que l'artiste met dans son œuvre son âme. Et c'est sur quoi je veux insister aujourd'hui, en vous parlant du plus grand peintre de la Hollande, d'un des plus grands peintres de tous les temps, de Rembrandt.

J'ai cependant peur, je dois l'avouer tout d'abord, que ce ne soit un projet bien téméraire de vouloir traiter ici un pareil sujet. Rembrandt est difficile à comprendre, quelquefois il est incompréhensible. Ses plus beaux tableaux sont au-dessus de toute critique d'art : on ne parle pas de Rembrandt, on le regarde, absolument comme on ne doit pas parler de Beethoven, mais qu'il faut entendre ses sonates, loin du bruit, loin du monde, loin de la terre, loin de toute autre pensée : dès qu'on parle, c'est comme si le charme était rompu. Nous en ferons l'expérience tout à l'heure si vous le voulez : nous projetterons quelques vues des chefs-d'œuvre de Rembrandt : je vous laisserai

regarder sans rien vous dire *la Ronde de nuit*
ou *les Syndics*, et vos yeux goûteront bien mieux
par eux-mêmes la beauté de ces œuvres si
prenantes, que si on vous gâtait votre plaisir par
des commentaires.

Pourtant j'ai encore un autre sujet de crainte
en commençant cette conférence ; je vais vous
le dire tout simplement au risque de m'aliéner
tout de suite la plus nombreuse partie de mon
auditoire. Voilà : je crois que Rembrandt n'est
pas un peintre que les femmes goûtent beaucoup,
ni même qu'elles peuvent goûter autant qu'il
nous semble à nous qu'il mérite d'être goûté.
Vous vous demandez pourquoi, et vous me dites
que voilà une chose singulière qu'il puisse y
avoir des peintres pour les hommes seuls. Mais,
Mesdames, consolez-vous, il y a aussi des
peintres pour les femmes : il y a Botticelli, il y
a Raphaël, il y a chez nous Boucher, Watteau,
et, presque de nos jours, Corot.

Il y a bien des écrivains, il y a des poètes
qui vous plaisent davantage ; pourquoi n'en
serait-il pas de même pour les peintres ?

Je ne crois pas me tromper en disant que
vous préférez Racine à Corneille, Lamartine à
Victor Hugo, François Coppée à Leconte de
Lisle. Pourquoi ? Il serait hors de notre propos
de l'expliquer ici longuement. Il me semble que
c'est parce que vous aimez mieux, quoique vous

soyez vous-mêmes parfois assez compliquées,
vous aimez mieux qu'on ne soit pas trop profond ; et d'un autre côté, vous ne dédaignez
pas, voyez Roxane dans *Cyrano*, qu'un art charmant et doux enveloppe de son vêtement les
bonnes choses que l'on vous dit. Un auteur qui
vous traite ainsi obtient tout de suite vos suf-
frages. Un artiste aussi. Et c'est pourquoi je
crains un peu pour mon Rembrandt qui n'est
pas simple du tout, qui est un philosophe, un
penseur, et un penseur profond. Je crains pour
lui aussi parce qu'il néglige de parti pris tout
ce qui aurait la prétention d'embellir la nature : il la change, il la modifie puissamment,
nous le verrons, pour qu'elle se plie à sa pensée, mais il ne l'embellit pas : l'harmonie des
formes, la pureté des lignes et leur gracieux
arrangement, l'éclat et la variété des couleurs,
toutes ces joies habituelles des peintres, il se les
interdit.

Il y a dans cet ascétisme volontaire quelque
chose d'extraordinaire et de pathétique. Ce
que perd en beauté du dehors l'art de Rembrandt, il le gagne en spiritualité. De n'être
point engagée dans la matière, de se garder
indemne des sensuelles séductions, sa pensée
paraît plus intacte, plus idéale, et, dans sa nu-
dité, plus poignante. Il fut un philosophe, vous
dis-je, et il déchira le voile merveilleux des phé-

nomènes pour arriver à l'esprit même (1). Mais justement est-ce que cela doit vous plaire beaucoup, Mesdames, que l'on exclue d'un idéal artistique, la joliesse, l'élégance, la grâce, les riantes couleurs ? Est-ce qu'il ne vous paraîtra pas qu'on retire ainsi de l'art tout ce qui le constitue, tout ce qu'il a pour plaire aux yeux, à l'âme, à l'âme féminine surtout ? Ce « voile merveilleux » de la nature et des choses derrière lequel se cache l'esprit, est-ce qu'il n'a pas, lui aussi, beauté, et faut-il le sacrifier pour l'idée pure ? — Vous avez raison, Mesdames, et après tout ce que j'ai dit sur la sûreté et la finesse de votre goût naturel en matière d'art, je ne me risquerai pas à vous contredire. Mais à votre tour, concédez-moi, concédez-nous, que les embellissements, ou soi-disant tels, que l'on ajoute à la nature, ne sont pas tout l'art ; allez plus loin, avouez qu'ils n'en sont bien souvent qu'un élément accessoire. La nature vue, goûtée, pensée, aimée par l'homme ; la nature devenue quelque chose de l'âme humaine par une sorte d'union mystérieuse de la chose avec l'esprit ; la chose, la matière spiritualisée, et rendue après cette élévation, j'allais dire après cette apothéose, vivante encore dans l'œuvre d'art, en un mot l'idéal se confondant

(1) André Beaunier, *l'Art de regarder les tableaux*, p. 61.

avec le réel, le pénétrant, le transfigurant, pour que l'homme, qui est esprit et matière, puisse remplir dans la contemplation artistique tous les besoins de son être : voilà, Mesdames, l'essence, le fond, le but sublime de l'art. Rembrandt plus que tout autre a réalisé dans son œuvre cette union merveilleuse ; plus que tout autre, il vous aidera à comprendre ce que j'entends par ce titre : l'idéal dans le réel ; c'est pourquoi j'ai voulu aujourd'hui le prendre comme exemple et vous présenter quelques-unes de ses œuvres les plus célèbres.

*
* *

L'idéal dans le réel ! Faut-il s'étonner que ce soit là la formule du beau artistique, puisque si l'on voulait trouver une formule pour exprimer notre conception, notre vision du monde qui nous entoure, c'est celle-là qu'il faudrait employer ; nous mettons partout et toujours l'idéal dans le réel. Nous ne voyons jamais, jamais, vous m'entendez bien ? les choses comme elles sont ; nous nous projetons nous-mêmes dans les choses, si je puis dire : nous mettons dans les choses notre âme, notre cœur, nos joies, nos espérances, nos peines, nos deuils, nos souffrances. Nous disions la dernière fois que l'artiste, humble créateur d'une nouvelle nature qui est l'Art, met de l'humanité dans son œuvre comme le tout-puissant Créateur de la grande nature a mis partout du divin dans son ouvrage. Il faut dire plus, ou plutôt je vois maintenant le pourquoi de cette vérité à laquelle nous avaient conduits nos précédentes analyses. Si nous mettons de l'humain dans l'art, c'est que nous avons mis d'abord et que nous mettons tous les jours de l'humain dans la nature.

Réfléchissez un instant avec moi, sur cette idée qui paraît au premier abord un peu difficile à saisir et quelque peu subtile, mais qui est aussi bien profonde et bien lumineuse et qui éclaire d'un jour singulier le problème ardu dont nous cherchons la solution, et qui est la définition du beau artistique. Notre esprit est un miroir qui reflète les choses, mais c'est un miroir vivant, qui renvoie à la réalité beaucoup plus qu'il ne reçoit d'elle ; une fois qu'il l'a reçue et prise en lui, cette réalité, il la travaille, il la spiritualise, il l'humanise ; il la fait ombre, lumière, couleur pour nos yeux ; il la fait concert, chant, harmonie pour nos oreilles ; il la fait senteur, parfum pour l'odorat ; il la fait douceur et caresse pour le toucher ; il la fait fraîcheur et saveur pour nos lèvres ; il la fait, pour notre âme, joie ou chagrin, désespoir ou consolation, terreur ou pitié.

Il donne aux choses les plus humbles, les plus frustes, les plus inertes, une âme, une conscience, une vie ; les choses avec lui deviennent quelqu'un : elles pensent, elles se souviennent, elles voient, elles entendent, elles parlent, elles rient, elles pleurent. Les philosophes, qui habillent la vérité de noms barbares, appellent anthropomorphisme cette tendance irrésistible qui nous pousse à rendre les choses semblables à nous, à leur prêter nos sentiments. Les poètes ne voudraient pas de ce mot, je le comprends sans peine ; mais l'idée leur est familière, puisqu'elle est la source même de toute poésie. Pour eux, c'est une vraie fraternité qui nous unit au monde inférieur ; pour eux, le réel n'a de raison d'être que parce qu'il contient et soutient l'idéal.

« Il est un Dieu, dit Chateaubriand ; les herbes de la vallée et les cèdres de la montagne le bénissent ; l'insecte bourdonne ses louanges, l'éléphant le salue au lever du jour, l'oiseau le chante dans le feuillage, la foudre fait éclater sa puissance et l'Océan déclare son immensité. »

« Pénétrez, dit-il ailleurs, dans ces forêts américaines aussi vieilles que le monde ; quel profond silence dans ces retraites quand les vents reposent ! Quelles voies inconnues quand les vents viennent à s'élever ! Etes-vous immobile, tout est muet ; faites-vous un pas, tout soupire. La nuit s'approche, les ombres s'épaississent. On entend des troupeaux de bêtes sauvages passer dans les ténèbres ; la terre murmure sous vos pas ; quelques coups de foudre font mugir les déserts ; la forêt s'agite, les arbres tombent, un fleuve inconnu coule devant vous. La lune sort enfin de l'Orient ; à mesure que vous passez au pied des arbres, elle semble errer avec vous dans leur cime et suivre tristement vos yeux. Le voyageur s'assied sur le tronc d'un chêne pour attendre le jour ; il regarde tour à tour l'astre des nuits, les ténèbres, le fleuve ; il se sent inquiet, agité, et, dans l'attente de quelque chose d'inconnu, un plaisir inouï, une crainte extraordinaire, font palpiter son sein comme s'il allait être admis à quelque secret de la Divinité ; il est seul au fond des forêts, mais l'esprit de l'homme remplit aisément les espaces de la nature et toutes les solitudes de la terre sont moins vastes qu'une seule pensée de son cœur... Il y a dans l'homme un instinct qui le met en rapport avec les scènes de la nature. Eh ! qui n'a passé des heures entières, assis sur le rivage d'un fleuve, à voir s'écouler les ondes ? Qui ne s'est plu, au bord de la mer, à regarder blanchir l'écueil éloigné ? Il faut plaindre les anciens, qui n'avaient trouvé dans l'Océan que le palais de Neptune et la grotte de Protée ; il était dur de ne voir que les aventures des Tritons et des Néréides dans cette immensité des mers, qui semble nous donner une mesure confuse de la grandeur de notre âme, dans cette immensité qui fait naître en nous un vague désir de quitter la terre pour embrasser la nature et nous confondre avec son auteur. »

Vous vous rappelez aussi ces beaux vers où Lamartine confie son chagrin à la nature consolatrice; où il lui parle non pas à je ne sais quel vague ensemble de nature, mais d'une façon précise et nette à tout ce qui l'entoure, à chacun des objets qui dessinent devant lui le paysage.

> O Lac ? Rochers muets ! Grottes ! Forêt obscure !
> Vous que le temps épargne ou qu'il peut rajeunir,
> Gardez de cette nuit, gardez, belle nature,
>   Au moins le souvenir !
>
> Qu'il soit dans ton repos, qu'il soit dans tes orages,
> Beau lac, et dans l'aspect de tes riants coteaux,
> Et dans ces noirs sapins, et dans ces rocs sauvages,
>   Qui pendent sur tes eaux !
>
> Qu'il soit dans le zéphyr qui frémit et qui passe,
> Dans les bruits de tes bords par tes bords répétés,
> Dans l'astre au front d'argent qui blanchit ta surface
>   De ses molles clartés !
>
> Que le vent qui gémit, le roseau qui soupire,
> Que les parfums légers de son air embaumé,
> Que tout ce qu'on entend, l'on voit ou l'on respire,
>   Tout dise : « Ils ont aimé ! »

Où trouver, je vous le demande, d'autres paroles, des paroles de lumière et de feu comme celles-là pour vous faire comprendre à quel point nous mélangeons notre pensée, nos amours et notre vie avec la nature réelle, et comment par un mystérieux prodige nous transfusons notre âme en sa matière?

Oui, par elle-même elle n'est que matière ; elle est pierre, sable, bois, onde : elle est toute dans des éléments inertes dont la chimie et dont la physique expliquent à fond les lois, lois de composition, lois d'action et de réaction. Mais nous ne voulons pas, nous ne pouvons pas la voir ainsi, nous sommes tous, malgré nous, même ceux qui se piquent de vérité et de philosophie, nous sommes tous idéalistes en diable... Nous déformons ou, si vous aimez mieux, nous transfigurons la nature en la regardant.

Voulez-vous que nous poussions cette analyse un peu plus loin? Demandons-nous quel sera le résultat de cette idéalisation instinctive et nécessaire sur notre vision du monde. Verrons-nous un monde où nous mettons tant de nous-mêmes, de la même manière que nous verrions un monde qui nous serait étranger et indifférent? Assurément non. Nos yeux vont-ils être comme des miroirs qui recevront point par point, ligne par ligne, angle à angle, la figure des êtres? Oui, sans doute,

si je m'arrête au seul point de vue de leur con-
stitution physique. Mais encore une fois, je ne
puis pas m'en tenir là, cela m'est impossible,
vous entendez bien, absolument impossible,
sinon par des distinctions purement logiques et
purement rationnelles, c'est-à-dire chimériques
et irréelles, qu'heureusement on est en train en
ces derniers temps de bannir de toute vraie
philosophie. Je ne puis pas séparer mes yeux de
moi. Non, mes yeux sont des yeux de vie, des
yeux au fond desquels il y a une âme et un
cœur d'homme et de femme qui pense, qui
aime et qui souffre ; mes yeux sont la lumière
et la fenêtre de mon âme, lumière chaude et
vive dont le rayon entre en moi et sort de moi,
pour que, par un mystérieux échange, rien de
ce qui est humain, rien de ce qui existe, ne me
soit étranger, et qu'à mon tour je me donne, lumière vivante, lumière humaine, lumière divine!

Dans ce monde nouveau que moi-même je
crée, tout prend plus de moi qu'il ne garde de
l'être qui le constitue ; s'il est vrai que ce sont
de pures apparences qui me viennent du dehors,
ces apparences vont se modifier et plier leurs contours à mes états d'âme. Tout ce qui dans
l'être physique offre certain rapport avec mes
dispositions d'âme va prendre de l'importance,
va s'exagérer aux dépens du reste, arrivera même
parfois à prendre toute la place dans le champ

de ma conscience et chassera toute autre vision. Si je suis joyeux, je ne verrai dans les objets que ce qui sera lumière, élan, mouvement : l'air s'emplira de mille feux éclatants, « la brise sera plus pure et l'oiseau plus léger ». Dans la vallée ces peupliers qui protègent de leur ombre tremblante le fleuve aux replis sans fin montreront au soleil le papillonnement de leurs feuilles d'argent ; l'onde sera transparente ainsi qu'aux plus beaux jours ; la forêt s'emplira d'une harmonie de lumière : le soleil se jouera parmi la feuillée, et sous la ramure des ormes et des chênes, les profondeurs même de l'ombre seront en joie. Si je suis triste au contraire et si je souffre, les côtés riants du paysage s'effaceront, ou si je les vois encore, ils seront un contraste à ma douleur, ils accuseront la cruauté de la nature indifférente ou hostile qui continue à afficher sa joie stupide en face de ma détresse : je verrai le soleil plus brûlant, l'immensité plus effrayante ; l'onde coulera plus rapide comme les jours qui passent ; la brise caressante deviendra le vent précurseur des tempêtes. Et ce qui m'échappait quand je riais, va se découvrir à mes yeux quand ils pleurent : les feuilles mortes, pauvres et vains souvenirs de la gloire des étés passés qui ne reviendront plus, étalent dans les fourrés sans fin et dans la solitude des clairières leur jaune et monotone tapis, à peine éclairé çà et là de la tache blanche ou bleue de quelque fleurette oubliée. Tenez, voyez-vous ce rocher couvert de mousse que tout à l'heure je n'apercevais pas, ou sur lequel se jouaient en dansant les rayons violets et roses de la lumière en fête : comme il a changé ! Comme il est gris ! Comme il est noir ! Comme il accuse bien par sa masse, par le désordre de ses formes, par l'hostilité de tout son être grossier, l'éternité de cette nature qui demeure, pendant que moi je passe... Et les taillis sont plus mystérieux, les allées solitaires se perdent dans un infini plus lointain, les roseaux penchent plus frêles au-dessus du miroir gris-de-perle de l'étang qui dort.

En un mot, tout est changé ! Oui, changé, et il faut prendre le mot dans son sens le plus propre. Changée la lumière qui éclairait tout le tableau vivant qui est en moi ; changé l'aspect général du spectacle ; changés les contours des objets, changée leur forme même en quelque manière, puisque telle partie, qui était avant la principale, n'est même plus vue maintenant et que telle autre est apparue, qu'on ne voyait point d'abord ou qu'on voyait très peu.

*
* *

Si nous avions le temps, je vous aurais montré que nous ne faisons pas ces transformations idéales dans la nature extérieure et au dehors seulement. Nous ne modifions pas moins par nos pensées, et je crois même que nous modifions davantage les intérieurs, la maison, la chambre, toute l'intimité des choses familières qui les habitent avec nous, et plus encore peut-être la figure des personnes avec qui nous vivons. N'est-il pas bien facile de comprendre que ces choses et ces personnes sont plus proches de nous, plus voisines de nos âmes, et que tout naturellement elles vont s'imprégner de nous, se pénétrer de notre pensée, en vivre, et se transfigurer sans effort.

Nous avons ici tout près de nous un admirable intérieur comme il n'y en a nulle part au monde. C'est la cathédrale de Chartres. C'est la maison de Dieu, c'est la maison de Notre-Dame. Mais, ô bonheur ! ô gloire ! c'est notre maison aussi, à tous et à toutes. Nous y sommes nés peut-être à la foi, nous y avons reçu toutes les grâces divines ; elle a vu nos deuils et nos joies, Dieu nous y a parlé. Aussi voyez comme elle prête à notre âme la majesté de ses formes, toute la richesse infinie de ses couleurs, toute la sublime profondeur de son mystère. Jamais on ne la retrouve la même : c'est sans doute qu'on y trouve toujours des beautés nouvelles ; c'est aussi que le soleil comme un admirable magicien en fait à chaque heure du jour une autre merveille. Mais c'est nous surtout, qui sommes les magiciens ; c'est nous beaucoup plus que les jeux subtils de la lumière, qui mettons en notre église tout le triomphe éclatant des jours de fête, toute l'infinie tristesse des jours de douleur, toute la sublimité de la foi qu'elle symbolise, et tout le souvenir de l'histoire qu'elle a vue en elle et autour d'elle depuis bientôt huit cents ans. Un peintre de grand talent qui a fait beaucoup en ces dernières années pour qu'on connaisse et qu'on aime au loin notre cathédrale, M. P.-G. Rigaud, me disait un jour : « Je vois la cathédrale comme une châsse précieuse où le plus grand des orfèvres ferait briller l'émeraude, l'améthyste, la topaze, toutes les lumières et toutes les couleurs. » Et pendant qu'il me parlait, je vis ce que je n'avais jamais vu, je vis le temple se colorer de mille feux irisés : je vis les piliers se teinter de bleu, de vert, de rouge ; je vis les poussières séculaires que les âges ont mises aux clefs de voûtes et aux nervures fuyantes se changer en poudres d'arc-en-ciel ; la cathédrale n'était plus de pierre : elle était faite de lumière et de feu, c'est-à-dire d'idéal, c'est-à-dire d'âme, de vie, de pensée, de foi, de souvenirs, d'amour !

*
* *

Il vous est facile de comprendre que cette

nature ainsi changée par nous quand nous revêtons le réel d'idéal, sera justement la nature qu'il faudra mettre dans l'œuvre d'art. L'artiste, le peintre, puisque nous parlons seulement de la peinture, n'en saurait mettre une autre. D'abord il est comme nous ; malgré lui, il idéalise ; ensuite, c'est pour nous qu'il peint, et nous ne sommes pas, nous ne pouvons pas être autre chose qu'idéalistes : sa pensée, et un peu la nôtre, son âme et la nôtre, sa conception, sa vision du monde et la nôtre, voilà ce qu'il mettra dans son tableau en copiant la nature ; bien plutôt la copie de la nature ne lui sera qu'un prétexte à se peindre et à nous peindre.

Il va donc lui aussi changer la nature : son œil n'étant pas plus que le nôtre un objectif d'appareil photographique, mais, si j'ose dire, un objectif vivant, où l'âme, l'imagination, la mémoire et l'amour interviennent et agissent au moins autant que les rayons visuels, son œuvre sera comme un cliché vivant où l'âme et la pensée auront fait partout des retouches.

La pensée aura inspiré déjà le choix du sujet, le choix des détails à prendre et l'exclusion de ceux qu'il fallait rejeter comme n'allant pas bien au dessein général ; et cette science des sacrifices nécessaires suppose déjà un travail énorme de correction et de modification quand on pense que la nature, elle, ne choisit pas et nous

offre pêle-mêle toutes choses suivant une fin
d'utilité, nous laissant le soin de distinguer ce
qui convient à nos fins esthétiques.

Et puis la pensée donne aux contours des
objets le frisson de la vie en les rendant moins
nets, plus flous. Demandez-le aux arbres de
Corot. M. Robert de la Sizeranne, dans un article
où il pose cette question : la photographie est-
elle un art ? explique justement que les photo-
graphes sont devenus des artistes, quand ils ont
cherché le flou au lieu de la précision du détail,
quand ils ont renoncé à compter les graviers
de la grève, les brins d'herbe du chemin et les
feuilles des arbres, quand ils ont compris que
« c'est une erreur en art de vouloir tout définir »,
parce que, devant une chose définie, il ne reste
plus rien à définir. Telle vallée, tel coteau, telle
jetée sur la mer, objet banal si l'on en saisit tous
les contours et si l'on en apprécie toute l'éco-
nomie, devient, à demi voilé par la brume, une
chose désirable, parce qu'elle est moins possédée,
curieuse, parce qu'elle est moins connue. Le flou
est justement au net ce que l'espoir est à la
satiété. Il est l'équivalent en art d'une des
choses les plus aimées de la vie : cette délicieuse incertitude d'une âme où déjà pénétra
l'espoir et où l'assurance n'est pas entrée encore,
où tout se promet et où rien ne se donne, où
tout se devine et où rien ne s'avoue ; où les

figures et les paysages, et le ciel et la terre apparaissent selon les incertaines suggestions de l'aube et non selon la sèche définition des midis.

Un homme du métier, Fromentin, dit à ce propos : « La vie n'a plus la même apparence. Les bords s'atténuent ou s'effacent, les couleurs se volatilisent. Le modèle, qui n'est plus emprisonné par un contour rigide, devient plus incertain dans son trait, plus ondoyant dans ses surfaces, et quand il est traité par une main savante et émue, il est le plus vivant et le plus réel de tous, parce qu'il contient mille artifices, grâce auxquels il est doué, pour ainsi dire, d'une vie double, celle qu'il tient de la nature, et celle qui lui vient d'une émotion communiquée. En résumé, il y a une manière de creuser la toile, d'éloigner, de rapprocher, de dissimuler, de mettre en évidence et de noyer la vérité dans l'imaginaire, qui est l'Art. »

Enfin la pensée de l'artiste intervient encore pour distribuer à son gré la lumière ; c'est elle qui va commander, excusez l'expression, mais elle est juste, l'éclairage qui convient, et cela nous amène à Rembrandt que nous n'allons plus quitter.

*
* *

Un premier caractère, en effet, ne peut

manquer de frapper dès l'abord l'esprit le moins averti et l'œil le moins exercé qui regarde un tableau de Rembrandt. Rembrandt est le peintre de la lumière; il voyait tout en lumière. La plupart de ses œuvres, on pourrait dire, je crois, toutes ses œuvres, tableaux, dessins, eaux-fortes, se ramènent à des jeux de lumière et d'ombre.

« Ce qu'il a cherché, dit M. Gustave Geffroy, c'est une concentration de la lumière de plus en plus vive pour arriver à l'expression la plus profonde... Il est parvenu à déterminer la forme par les effets de la lumière, à communiquer à son œuvre le mouvement lumineux de la vie... Il y a un point plus éclairé que les autres dans chaque tableau de Rembrandt, et ce point est un produit, le résultat d'une progression lumineuse qui commence aux régions où il semble que l'ombre soit absolument opaque. Regardez mieux, et même dans cette ombre vous apercevrez le tressaillement roux et doré qui va croître jusqu'au resplendissement total. Aucune solution de continuité; l'œuvre a l'unité absolue, au point que l'on peut voir en elle aussi bien une décroissance qu'une croissance de la lumière. Chacune des toiles sera alors un monde avec un centre qui éclaire et échauffe toutes les parcelles en surface, tous les plans en profondeur. »

Cet art de distribuer la lumière et l'ombre

dans un tableau pour lui donner la pensée et la vie, s'appelle le clair-obscur. C'est une expression qu'on emploie très souvent sans la bien comprendre. Il me semble qu'elle est prise dans deux sens différents par les peintres, les critiques ou les historiens, et ainsi on l'a rendue, sans vouloir faire un mauvais jeu de mots, plutôt obscure que claire.

La science du clair-obscur donne à un Rembrandt, nous venons de le dire, l'art d'aller progressivement du clair à l'obscur ; ce sera, si vous le voulez, le dosage vertical de la lumière suivant le plan du tableau. Elle lui donnera aussi, et je crois que ce n'est plus du tout la même chose, l'art de mettre son tableau en profondeur, en laissant non pas seulement de la place entre les objets, cela peut être uniquement affaire de perspective, mais aussi de l'air, une atmosphère ; un air et une atmosphère qui se voient, bien entendu, puisqu'en peinture il faut qu'on me montre tout ce qu'on veut que je voie.

Voici, par exemple, l'*Ange Raphaël quittant Tobie*. Dans l'ouvrage de M. E. Michel, le plus considérable qui ait été écrit en France sur Rembrandt, je trouve, à propos de ce tableau du maître, les lignes suivantes qu'on dirait écrites exprès pour notre sujet et qui sont une confirmation bien nette de ce que nous avons dit sur l'idéalisation du réel.

« Par-dessus tout ce qu'il faut admirer, c'est l'emploi du clair-obscur et la façon éloquente dont l'effet caractérise le sujet et met en évidence ce qu'il a de grandiose et d'imprévu. Bien des fois déjà Rembrandt avait tiré de la lumière un parti pittoresque ; jamais il n'avait su l'approprier à une expression aussi profonde de son sujet. De bonne heure, le clair-obscur avait été l'objet de ses préoccupations et il n'avait jamais cessé de poursuivre et d'étendre ses recherches à cet égard. Nous en trouvons maintes fois la preuve dans les nombreux dessins exécutés par lui à cette époque... Que de ressources dans cet emploi nouveau de la lumière dont il disposait maintenant en maître, et quelles perspectives imprévues s'ouvraient devant lui, grâce à ce merveilleux élément qui, pour rendre toutes les nuances de la pensée humaine, se prête à des combinaisons infinies ! Les formes évoquées par Rembrandt semblent se transformer à nos yeux. On croirait les voir émerger de l'obscurité, s'épanouir, animées par lui du souffle de la vie pour se replonger bientôt après dans les ténèbres. Les objets les plus insignifiants, baignés dans cette atmosphère, s'imprègnent de poésie et de mystère. A la fois réels et transfigurés, ils s'offrent à nous avec le degré d'évidence ou d'effacement que, suivant son dessein, l'artiste a voulu leur donner. Tout empruntés qu'ils sont à notre

monde, ils parlent aussi de cet autre monde
créé par l'imagination de l'artiste et dont il
nous a apporté la révélation ! »

N'est-ce pas une trouvaille vraiment pour
nous, que ce passage d'un des plus éminents
historiens de l'art, et ne croirait-on qu'il a inspiré tout ce que nous avons dit sur la transfiguration de la nature par l'art ?

Ici, c'est une lumière céleste qui éclaire tout ;
non seulement elle éclaire, mais elle est tout ;
et elle est tout le sujet, toute la pensée, tout le
sentiment qui anime l'œuvre. L'ange qui a conduit le jeune Tobie dans son long voyage, qui
l'a sauvé du poisson monstrueux, qui lui a
donné sa jeune épouse et a délivré celle-ci du
démon, qui enfin a guéri son père aveugle, vient
de faire ses adieux à ses hôtes et remonte dans
la gloire. Il vient de dire à Tobie : « Je suis
l'ange Raphaël, l'un des sept qui nous tenons
devant le Seigneur. Paix à vous, ne craignez
point. Car lorsque j'étais avec vous, j'y étais
par la volonté de Dieu. Je paraissais, il est vrai,
manger avec vous et boire ; mais moi, c'est
d'une nourriture invisible et d'une boisson qui
ne peut être vue par les hommes que je fais
usage. Il est donc temps que je retourne vers
Celui qui m'a envoyé ; mais vous, bénissez Dieu,
et racontez toutes ses merveilles. » Et lorsqu'il
eut dit ces choses, il fut enlevé de leur présence.

Alors prosternés la face contre terre, ils bénirent Dieu... L'éclairage du tableau dit tout cela,
la majesté de l'envoyé céleste habitant de la
lumière, la profonde adoration du patriarche
abîmé dans sa prière reconnaissante : la beauté
idéale, mais aussi la pieuse curiosité de la jeune
femme de Tobie qui regarde comme en extase
le coin du paradis qui s'ouvre ; la défaillance de
la vieille mère très bien exprimée par un jour
moins éclatant, presque mystérieux, une clarté
blafarde qui semble manquer et comme défaillir aussi ; le jeune Tobie, dans l'ombre à
moitié, comme si, trop occupé par le bonheur
de son jeune amour terrestre, les joies de l'extase et de la révélation divine avaient moins de
part en son âme. Et dans le fond, tout un ciel
chargé qu'on devine plutôt qu'on ne le voit, et
qui nous cache plutôt qu'il ne l'éclaire la terre
méprisable, qui ne compte plus quand on
regarde une vision du ciel. Les alentours immédiats sont dans le mystère. Les pavés, les colonnes, la porte indiqueraient plutôt un temple
qu'une maison particulière. Temple, maison ? on
ne sait. L'un et l'autre sans doute ; l'ombre
laisse cela dans le mystère, mais en tout cas,
maison céleste, puisque les fils des saints l'habitent, qu'un archange en était l'hôte tout à
l'heure et qu'il y mangeait, qu'il y buvait
l'invisible nourriture, l'invisible breuvage de

l'éternelle béatitude et de la vision divine...

Le Ménage du menuisier, où souvent on a
cru voir une sainte Famille, est une glorifica-
tion par la lumière de ces deux choses que
Rembrandt aima par-dessus tout : la famille et
le travail. Le soleil entrant à flots par la fenêtre
ouverte en bas, en haut grisaillée et enlacée de
pampres verts, baigne dans une clarté d'auréole
l'ouvrier qui rabote, mais surtout la mère, si
sérieuse, si convaincue, en extase d'amour et
d'admiration, surtout l'enfant si joli et si gracieux, le petit roi de toute cette admirable scène.
Rembrandt peignit ce petit tableau, que nous
possédons au Louvre, en 1640. Il venait alors
de perdre sa mère, et l'état de santé de Saskia,
sa première femme, lui inspirait de vives inquié-
tudes ; il semble qu'il ait voulu exprimer avec
toute l'intensité qu'elles avaient en lui ces joies
de l'amour et de la famille qui allaient bientôt
lui échapper.

Je vous fais remarquer en passant la finesse
et l'exactitude des détails de tout cet intérieur :
l'idée ne fait point oublier à Rembrandt la
nature et la vérité. Tout ce qui n'est point
l'idée principale, tout le décor si vous voulez,
est dans la pénombre sans doute, mais cela
y est. Sondez du regard l'ombre qui baigne le
fond et le premier plan. Vous verrez l'établi du
menuisier, plus loin le lit défait, à droite la

cheminée, la marmite pendue à la crémaillère, quelques morceaux de bois, des fruits qui sèchent, sur une chaise le chat qui ronronne et plus en vue le joli berceau de l'enfant. Tout cela est bien de l'école hollandaise, et Rembrandt, surtout dans ses petits tableaux (celui-ci a 41 centimètres de haut et 34 de large), apporte plus de soin à la finesse des détails ; mais ce qui est de lui et de lui seul, c'est la transfiguration de la réalité par la lumière.

Rembrandt a peint trois saintes Familles dans les années qui suivirent la mort de Saskia. Une est en Angleterre dans une collection particulière ; une autre en Allemagne au musée de Cassel ; la troisième est à Saint-Pétersbourg, au magnifique musée de l'Ermitage, le plus riche du monde en œuvres de Rembrandt, puisqu'il ne possède pas moins de 35 tableaux du maître (dans toute la Hollande, il n'y en a que 25 : il est vrai de dire que ce sont les plus beaux ; le Louvre en a 20). Voici *la Sainte Famille* de l'Ermitage. Là, rien de la joie qui éclate en rayons éblouissants au *Ménage du menuisier*. Nous sommes introduits dans un pauvre intérieur où le père, un peu à l'écart, une hachette à la main, s'acquitte de sa tâche quotidienne. A côté, la Vierge, un livre sur ses genoux, vient d'interrompre sa lecture et soulève délicatement les rideaux d'une couchette où dort son enfant, un blondin tout vermeil, enveloppé dans une ombre claire et lumineuse. La lumière terrestre semble à peine filtrer à travers une fenêtre qu'on soupçonne à droite et qui laisse saint Joseph dans une sorte de pénombre ; s'il n'y avait la miraculeuse et céleste clarté qui vient du coin gauche, où une troupe de petits anges entr'ouvre le ciel, tout serait nuit, tout serait tristesse dans ce pauvre logis. La pleine lumière, une sorte de lumière d'inspiration, comme une illumination divine, met en un relief puissant la figure de la Vierge et le livre qu'elle tient. Quoi donc ? Pourquoi ce chagrin ? Pourquoi cette angoisse sur le visage de la mère ? Qu'est-ce qui peut donc la tourmenter quand son fils dort si bien, quand son bonheur est là, quand elle n'a qu'à se baisser un peu pour manger de baisers cette mignonne menotte potelée, et ces yeux si beaux, même fermés, et ce front si pur ? Pourquoi ? Ah ! pourquoi ? Que vient-elle de lire dans le livre divin des Ecritures : « Il a été offert parce que lui-même l'a voulu ; comme une brebis, il sera conduit à la boucherie. Il sera retranché de la terre des vivants ; à cause du crime de mon peuple, je l'ai frappé. » « Isaïe ! Isaïe ! prophète de Dieu, est-ce de mon fils que vous parlez ? Oh ! du moins qu'il ne souffre pas encore ! Qu'il sache que je suis là pour veiller sur lui ! Qu'il dorme

en paix et que je puisse le voir ! » Et les anges en
adoration chantent dans la pauvre demeure
obscure celui qui sera la lumière du monde !
« Rembrandt, dit un auteur, échappe ici aux
« tyrannies et aux particularités du sujet : il
« élargit la donnée et la modernise. Il peint,
« sans quitter le domaine éternel de l'âme, une
« humble scène de la vie de tous les jours.
« L'enfant qui dort, le geste de la mère penchée,
« la douceur de son regard ému, le calme de
« l'intérieur où se passe l'aventure à la fois
« hollandaise et universelle, tout parle au cœur
« et tout le ravit dans cet adorable chef-d'œuvre
« de tendresse. »

Au même musée de l'Ermitage, voici encore
des merveilles de lumière : le sacrifice d'A-
braham, admirable chef-d'œuvre où le clair sur
les deux mains de l'ange, sur la main droite
d'Abraham, sur sa tête, sur le corps du jeune
Isaac, est si bien mis en valeur par l'obscur du
fond, du paysage indiqué à gauche, du vêtement d'Abraham, et par les demi-teintes si
douces qui couvrent le visage de l'ange et une
partie des jambes de l'enfant. Il y a là un art
consommé qui sert d'une façon éminemment
puissante l'idée, si dramatique par elle-même,
que Rembrandt avait conçue. Imaginez le même
tableau avec une lumière quelconque, avec la
lumière que la nature répand également sur

toutes choses ; alors vous n'aurez plus ce va-et-vient de clarté et d'ombre, où malgré eux se promènent nos yeux inquiets, fascinés par la lumière qui les aveugle, attirés par cette nuit mystérieuse où tant de pensée se cache, allant sans pouvoir s'arrêter de l'une à l'autre ; vous n'aurez plus de mouvement, partant plus de vie.

Dans *le Reniement de saint Pierre*, il y a bien toute l'horreur de cette nuit fatale dont l'Apôtre devait tous les jours de sa vie pleurer l'égarement. La servante braque sa lanterne sur celui qu'elle vient de désigner comme un Galiléen et un ami de Jésus de Nazareth ; dans l'ombre épaisse, on croit deviner la silhouette du divin Maître dont le regard semble attendre celui du disciple infidèle : *Conversus autem Jesus respexit Petrum...* Il y a là tout un drame silencieux où la méchanceté, la lâcheté humaines sont opposées dans un heurt sublime avec l'infinie bonté du Dieu qui aime et qui pardonne.

Drame aussi que *la Descente de croix* de Saint-Pétersbourg, et combien poignant, et combien débordant de vie et d'émotion intense ! Vingt-cinq personnages sont répartis en trois groupes, et c'est la lumière, distribuée par un admirable clair-obscur, qui nous montre, sous un ciel terrible, la divinité de Celui que l'on dépose, la défaillance de la Mère des Douleurs, et la piété désolée et affairée des saintes Femmes ; c'est la lumière aussi qui donne l'unité à toute cette composition, qui sans elle risquerait d'être un peu éparse et de présenter trois tableaux plutôt qu'un.

Je vous présente à la hâte, à cause du temps qui nous presse, *le Christ porté au tombeau*, *l'Incrédulité de saint Thomas*, et *le Bon Samaritain*, un au musée de Dresde, l'autre à l'Ermitage, le troisième au Louvre. C'est toute l'œuvre de Rembrandt qu'il faudrait passer en revue pour vous montrer comment la lumière et l'ombre lui ont servi à idéaliser le réel, comment sa vision du monde à lui, celle qu'il a donc mise dans son art, fut une vision de lumière.

*
* *

Elle fut aussi une vision de vie. Le second caractère de la peinture de Rembrandt, c'est qu'il a su, dans la description des choses et des personnes, mettre ce frisson de la vie, ce vague qui laisse au spectateur quelque chose, et même beaucoup de choses à deviner, ce flou qui cache les détails inutiles pour donner plus de relief à l'idée maîtresse. Non pas, croyez-le bien, qu'il ne goûte pas la finesse du trait : il sait tout ce que peut donner à l'art l'amour de la nature poussé jusqu'au scrupule, et quand il a voulu (je vous ai déjà dit que c'est ainsi qu'il traite les sujets de petite dimension), il a su se mettre au premier rang de ses illustres contemporains, les Van Ostade, les Gérard Dou les Terburg, les Nicolas Maës, dont nous avons dit que quelques-unes de leurs œuvres doivent être regardées à la loupe. Voyez le portrait de femme du musée de Bruxelles et le magnifique portrait d'Elisabeth Bas, une des richesses du Musée d'Amsterdam. C'est cette fois par le fini que Rembrandt a donné la vie à son modèle. La franchise des contours qui se découpent nettement sur un fond gris neutre, le dessin serré de près, suivi dans ses moindres inflexions, la justesse du modelé, la décision des accents, la franchise extrême des intonations, tout s'accorde pour caractériser la personne ; et ces qualités du peintre répondent à la simplicité, à la droiture, au bon sens et à la force morale de son modèle, à je ne sais quoi d'arrêté qui se manifeste dans tout son être.

Pourtant ce n'est pas la manière ordinaire de Rembrandt. Son originalité puissante réside tout entière dans la largeur de touche, dans la préférence qu'il donne toujours à la pensée sur la matière, à l'ensemble sur le détail, à l'expression sur la forme. « L'inconnu, le mystère que nous coudoyons à chaque instant dans la vie, dit

M. E. Michel, il nous l'offre dans ses œuvres, et ce mélange de réel et d'indéterminé qui s'y montre explique l'action qu'il exerce sur les natures les plus diverses. Très souple et très puissant, il sait à la fois beaucoup préciser et laisser beaucoup à notre imagination, représenter et sous-entendre. Assez formel pour nous suggérer ce qu'il veut, il reste assez flottant pour nous abandonner ensuite à nous-mêmes, évoquant chez nous cette collaboration active qui achève les créations les plus hautes de l'art et de la littérature. » Vous ne serez pas surpris après cela, que la nature de Rembrandt soit une nature tout idéale, au sens où nous avons pris ce mot dans nos études, une nature changée, une nature surélevée, spiritualisée, pliée à la pensée, devenue pensée elle-même, une nature qui partage la vie et les sentiments de l'homme. Rappelez-vous l'appel de Lamartine :

O Lac, Rochers muets, Grottes. Forêt obscure !

Et voyez si l'émoi des choses n'est pas aussi puissant chez le peintre que chez le poète et s'il ne l'est même pas davantage. Voyez *l'Annonciation aux bergers*, superbe gravure du musée de Dresde. Quelle intensité de vie, quel mouvement ! L'Ange dit dans la lumière : « Gloire à Dieu dans le ciel et paix sur la terre aux hommes de bonne volonté ! Je viens vous annoncer une grande nouvelle : un Sauveur vous est né ! » Et dans le ciel tous les chœurs des Anges répondent : « Gloire au plus haut des cieux ! » Et sur la terre, c'est la joie éperdue de toute la nature, c'est le frémissement des choses, à l'annonce de cet événement qui va marquer une ère nouvelle dans l'histoire de l'humanité. La nuit s'éclaire dans l'ombre intense de jets lumineux ; la clarté se heurte avec l'obscur en un assaut gigantesque ; la forêt, une forêt énorme, fantastique, comme on n'en voit nulle part, s'agite et tremble : tout vit, tout respire, tout s'émeut ; c'est la communion de la nature aux joies de l'Incarnation du Verbe. Rembrandt est un poète, un des plus grands qu'on vît jamais ; et puisqu'avec cela il fut un peintre merveilleux, épris de son art, consciencieux, d'une délicatesse exquise, ménageant toujours les secrètes concordances de l'exécution avec la pensée, comment trouver des termes pour exprimer notre admiration et apprécier comme il convient son incomparable génie ?

J'avais encore un autre paysage à vous montrer. Mais je ne suis pas assez sûr de son authenticité pour m'y arrêter longtemps. On l'attribue à Rembrandt, mais je ne l'ai trouvé dans aucun catalogue. C'est *le Sermon sur la montagne* ; l'œuvre est bien dans la manière

de Rembrandt : tout ce fouillis, tout ce mouvement, toute cette vie dans la multitude, toute
cette nature immense, ces monuments du monde
romain qui reculera bientôt devant l'Evangile
prêché par ce doux orateur blanc, tout cela est
digne de Rembrandt, puisque tout cela est rempli de pensée et de vie; et après tout, c'est peut-
être de lui, mais je n'en suis pas sûr.

Voici un de ses chefs-d'œuvre, absolument
authentique celui-là; c'est *la Présentation au
Temple* du musée de la Haye. Il est de la toute
première jeunesse de Rembrandt qui n'avait
pas vingt-cinq ans quand il le fit. Quelle maîtrise déjà! quelle possession de son art! quelle
science merveilleuse des couleurs! Mais surtout
quelle utilisation de tous ces procédés et de
toute cette science pour l'expression de l'idée !
Celui qui est présenté à Dieu, c'est Celui dont le
prophète a dit : « Voici qu'il viendra dans son
temple, le Seigneur souverain que vous attendez
et l'Ange du testament que vous désirez ! » C'est
lui aussi qui dira bientôt : « Je suis la lumière du
monde. » Et Rembrandt a voulu que cette lumière fît pâlir tout le reste, et qu'à cause d'elle
et en face d'elle tout se perdît dans le mystère
des ténèbres. Quel est ce temple dont les
colonnes et les voûtes se voient un peu dans
l'ombre? Est-ce le temple juif? est-ce une église
chrétienne? est-il byzantin, est-il gothique?

Qu'importe ! Ce qu'il faut, c'est qu'il prête sa grandeur, sa hauteur, son vide et son mystère à la scène divine; c'est qu'il prête sa nuit à cette lumière. Quand je vous disais que les intérieurs d'église sont pleins de pensée et que leur cadre s'harmonise avec une souplesse étrange au ton des émotions qui s'agitent en nos âmes ! En voici une preuve sublime.

Rembrandt ne fut pas moins créateur, dans la représentation de la figure humaine, dans le portrait ; et cela mériterait une étude à part, au lieu qu'il nous faut finir en quelques mots. Le portrait semble écarter toute idée de liberté, toute intervention personnelle de l'artiste ; il n'y a pas de place pour la poésie quand il s'agit de copier la réalité pure et simple d'un modèle. Remarquez-le cependant, à côté de la vérité extérieure, du trait brutal qui dessine la physionomie de l'homme, il y a la vérité intérieure, la vérité psychologique ; la pensée de cet homme se reflète en quelque manière sur sa figure, sur son front, dans ses yeux, sur ses lèvres ; elle se manifeste dans son allure, dans sa pose ; elle s'inscrit dans son geste. Saisir tout cela et le peindre, c'est déjà en quelque manière mettre l'idéal dans le réel. L'artiste fait mieux encore quand il donne à ses figures une âme et une vie, quand il sait leur communiquer ce que plusieurs fois déjà j'ai appelé le frisson de la vie.

Il semble que le génie de Rembrandt ait soufflé sur les figures que traçait son pinceau, et qu'il leur ait «inspiré une âme vivante». Voyez tous les innombrables portraits qu'il nous a laissés de lui-même, de sa femme, de sa mère : ils vivent, ils nous regardent, ils nous voient ; on croit qu'ils vont se détacher de la toile ; ils s'en détachent, ils viennent vers nous. C'est l'impression très nette que l'on a quand on visite un musée et qu'on trouve dans une salle des portraits peints par Rembrandt au milieu de portraits d'autres auteurs. Les autres sont collés au mur, ils y tiennent, ils sont à plat, ce sont des images, quelques-unes très belles et exprimant la vie à un certain degré, mais enfin des images. Ceux de Rembrandt sont des hommes et des femmes ; ils ne sont pas au mur ; ils viennent avec vous et vous croyez qu'ils vont vous parler. J'ai éprouvé cette sensation singulière, mais très réelle, à La Haye devant *la Leçon d'Anatomie*, et, à Amsterdam, devant *la Ronde de nuit*, et surtout devant l'immortel et divin chef-d'œuvre, *les Syndics des Drapiers*. Je vous ai dit que je n'analyserais pas devant vous ces œuvres : je tiens parole. Regardez-en le dessin informe sur ces vues d'ailleurs bien faites. Mais c'est le dessin de Rembrandt lui-même qu'il faut voir, c'est surtout la peinture si pleine, si savoureuse qui oppose « ces beaux noirs veloutés et intenses à ces blancs

colorés, à ces carnations si nettement carac-
térisées, où la lumière semble pétrie comme dans
la pâte ».

Sans aller en Hollande, vous pouvez, je vous
l'ai dit, connaître et admirer Rembrandt au
Louvre. Je veux, pour terminer, vous présenter
quatre tableaux qui vous retiendront longtemps,
et qui peuvent être comptés parmi les plus
belles richesses artistiques de notre pays.

Ce sont d'abord *les Philosophes en méditation*. Rembrandt a traité deux fois ce sujet
d'une façon à peu près identique. Les traits du
vieillard dans le second ont plus de distinction
et la lumière y est plus poétique, bien qu'elle
soit aussi très habilement répartie dans le premier ; il y a de plus, dans le second, une opposi-
tions très puissante entre la profondeur de la
pensée qui entraîne le philosophe loin des
soucis matériels, et les besoins de la vie pratique qui s'imposent quand même, représentés
par la femme qu'on devine auprès de l'âtre où
luisent quelques tisons, entourée d'ustensiles de
ménage.

Vous voulez savoir à quoi peut bien rêver
cet homme abîmé dans sa pensée, et qu'elle
semble écraser de son poids. Écoutez le Faust
de Gœthe : « Philosophie, hélas ! jurisprudence,
et toi médecine aussi ! Je vous ai donc étudiées à
fond avec ardeur et patience : et maintenant

me voici là, pauvre fou, . tout aussi sage que devant. Je m'intitule, il est vrai, maître, docteur, et depuis dix ans je promène çà et là mes élèves par le nez. Et je vois bien que nous ne pouvons rien connaître... Astre à la lumière argentée, lune silencieuse, daigne pour la dernière fois jeter un regard sur ma peine ! J'ai si souvent la nuit veillé près de ce pupitre ! C'est alors que tu m'apparaissais sur un amas de livres et de papiers, mélancolique amie ! Hélas ! je languis dans ce cachot. Misérable trou de muraille, où la douce lumière du ciel ne peut pénétrer qu'avec peine à travers ces vitrages peints. » Gœthe n'a point exprimé mieux que Rembrandt l'inquiétude de la pensée qui se poursuit elle-même sans succès, le vide de l'esprit qui ne peut se prendre à rien, la solitude du cœur plus profond et plus terrible que la solitude du souterrain où pense le philosophe au bas de l'escalier tournant.

Je ne veux pas, Mesdames, Messieurs, vous laisser sur cette pensée païenne. Voici *Saint Matthieu avec l'ange*. Assis à sa table, le vieillard a senti venir à lui le divin messager qui le visite dans sa retraite, et voici que peu à peu l'ange s'est rapproché de lui ; il a posé doucement la main sur son épaule et mis ses lèvres tout près de son oreille. L'apôtre tient maintenant sur sa poitrine sa main décharnée comme pour y retenir le souffle béni dont son âme est rempli. D'un œil fixe, il suit dans le vide cette pensée qui prend forme en lui ; il semble qu'il la voie, et sous la dictée de l'ange, il va l'écrire. Il était difficile de rendre avec plus de clarté et d'éloquence une idée qui semble irréalisable, tant elle dépasse les moyens de la peinture, celle de l'inspiration d'en Haut pénétrant dans « une âme humaine ».

Enfin voici, non plus seulement l'idéal humain, notre pauvre idéal terrestre, mais l'idéal par essence, le divin idéal s'unissant au réel dans les *Pèlerins d'Emmaüs*. Fromentin, qui n'aime pas Rembrandt, on ne sait pourquoi, dit à propos de ce tableau : « Quel est le peintre qui n'a pas fait un Christ, à Rome, à Florence, à Sienne, à Milan, à Venise, à Bâle, à Bruges, à Anvers ? » Depuis Léonard, Raphaël et Titien, comment ne l'a-t-on pas déifié, humanisé, transfiguré, montré dans son histoire, dans sa passion, dans sa mort ? L'a-t-on jamais imaginé ainsi : pâle, amaigri, assis de face, rompant le pain comme il avait fait le soir de la Cène, dans sa robe de pèlerin, avec ses lèvres noirâtres où le supplice a laissé ses traces, ses grands yeux bruns, doux, largement dilatés et levés vers le ciel, avec son nimbe froid, une sorte de phosphorescence autour de lui qui le met dans une gloire indécise, et ce je ne sais quoi d'un vivant qui respire et qui certainement a passé par la mort ? L'attitude de ce revenant divin, ce geste impossible à décrire, à coup sûr impossible à copier, l'intense ardeur de ce visage dont le type est exprimé sans traits et dont la physionomie tient au mouvement des lèvres et au regard, — ces choses inspirées on ne sait d'où et produites on ne sait comment, tout cela est sans prix. Aucun art ne les rappelle ; personne avant Rembrandt, personne après lui, ne les a dites.

Et voilà pourquoi, en quoi et comment l'idéal se mêle au réel dans l'œuvre d'art.

LE RÉEL DANS L'IDÉAL

LE RÉEL DANS L'IDÉAL

Il m'était difficile de vous parler d'art, et particulièrement de peinture, sans vous entretenir de Raphaël. Il n'est pas dans toute l'histoire des peintres de plus grand nom que le sien. Je ne dis pas, vous entendez bien, qu'il est le plus grand peintre : on peut lui préférer Michel-Ange si l'on recherche la puissance ; Léonard de Vinci, qui sûrement a plus de science technique ; Rembrandt, qui sut mieux user de la lumière ; Rubens, le maître des couleurs, ou tel autre chef d'école ancien ou moderne, ou même quelqu'un qui n'aurait point été chef d'école. Rien n'est difficile comme de décerner un premier grand prix à de pareils concurrents : il y aurait sans doute autant d'avis différents qu'on mettrait de membres dans un jury chargé de décerner la palme.

Je m'empresse de dire que rien non plus n'est inutile et vain comme ces comparaisons auxquelles cependant tant de critiques se laissent aller. Chacun des grands génies a sa place dans l'histoire de l'art ; chacun est le premier, si l'on peut dire, dans son ordre. Si l'on compare l'art tout entier à un monument, chacun en a construit une partie essentielle. Si on le compare à un jardin de délices, chacun y a planté son coin, ses arbres, son parterre de fleurs; chacun y a percé son allée éclairée ou mystérieuse, chacun y a dispensé comme il convenait le soleil ou l'ombre. Si l'art est une vie, une vie idéale, chaque artiste lui a prêté son souffle, chacun a été l'un des mouvements qui ont manifesté cette vie, l'une des multiples activités dans lesquelles elle s'est épanouie. Si l'art enfin est une âme, l'âme de l'humanité exprimée dans les formes, on peut et on doit dire que chacun des maîtres sentit frémir en lui quelque chose de cette âme, qu'il en eut une pensée, un sentiment, un désir, un élan, un amour ; et ce sont tous ces éléments d'âme épars à travers les temps et les espaces que nous recueillons en la nôtre quand nous admirons et que nous étudions leurs chefs-d'œuvre, c'est-à-dire quand dans l'émotion esthétique nous mettons nos âmes en communion avec l'âme artistique qui fut en eux.

Mais si Raphaël ne fut pas le plus grand des peintres, ce qui serait à voir, en tout cas son nom domine sans conteste tous les autres. Pour le grand public, pour celui qui n'entre pas dans les détails du métier, dans les querelles de la critique, dans les coteries de la mode ou du snobisme, Raphaël est le roi des peintres. Il représente la peinture comme Mozart la musique ; à cela il n'y a rien à faire, et sa gloire est universelle. Ainsi pour vous qui n'êtes sans doute pas plus que moi des initiés et des esthètes, mais qui prétendez goûter autant que qui que ce soit les belles choses, si l'on vous demandait le nom du plus grand des peintres, ce seraient, je crois, tout de suite, les trois immortelles syllabes du nom de Raphaël qui viendraient d'elles-mêmes à vos lèvres. Je n'engage pas, pour le moment du moins, la discussion sur le point de savoir si cet honneur est justifié et si cette gloire est méritée ; je constate un fait qu'on ne peut pas nier. Et cela est suffisant pour mon dessein, puisque cela prouve que je pouvais faire avec vous ces causeries sur l'art sans vous parler de lui, puisqu'il en est une forme essentielle, une personnification, presque une partie de sa définition, en tout cas l'élément le plus important de son histoire.

Parlons donc de Raphaël. Savez-vous qu'il y a aujourd'hui quelque courage à le faire ? Raphaël n'est plus à la mode ; et vous savez, Mesdames, que la mode est une puissance qui s'impose ; elle est une puissance tyrannique et peut-être vous est-il arrivé maintes fois de trouver son joug bien lourd et ses exigences bien capricieuses. Vous lui avez obéi cependant. Vous n'avez point discuté ses décrets et vous avez mis peut-être quelque zèle à ne point paraître vous mettre en révolte. Que vous ayez eu raison ou tort, ce n'est point assurément le lieu d'en décider. Mais dans vos jugements sur l'art et dans vos admirations, je ne voudrais pas, Mesdames, que vous cédiez à la mode.

Il y a un goût très général, très large, très libéral, également éloigné de la soumission entêtée et aveugle aux formules acquises que des engouements irréfléchis pour toutes les nouveautés ; un goût qui admet toute la beauté et admire toutes les beautés, à quelque école, à quelque siècle qu'elles appartiennent, et qui sait justement comprendre que la beauté d'une école ou d'une époque ne pouvait pas être la beauté de telle autre époque et de telle autre école, mais que peu importe, et que, pourvu que ce soit la beauté, elle est toujours admirable ; un goût fondé sans doute sur l'appréciation individuelle, le plaisir personnel, le charme très subjectif et quelquefois incommunicable que procure à chacun l'œuvre d'art, mais aussi sur la connaissance de toutes les nécessités historiques, de toutes les raisons sociales, de toutes les influences diverses qui lui ont donné à tel moment et chez tel artiste, non pas telle forme, ni tel idéal, mais telle autre forme et

tel autre idéal, précisément l'idéal et la forme
qui convenaient. Qu'il soit difficile d'avoir ce
goût-là et que ce soit un peu rare qu'on l'ait,
je n'en disconviens pas ; mais je voudrais que
ce fût le vôtre, et c'est pour cela qu'après vous
avoir entretenus des Hollandais, des Primitifs,
de Rembrandt, je veux que Raphaël, je veux
que l'âge et l'art classique, ait sa place dans nos
causeries : je ne vois pas quelle idée vous pour-
riez avoir de l'art, si vous ne saviez rien de
Raphaël.

Nous disions que c'est une mode qui l'a mis
peu à peu à l'écart et qui a terni pour un moment sa gloire. Ce fut d'abord la mode des
Primitifs. Voici comment un excellent critique
d'art doublé d'un lettré exquis, M. André
Beaunier, explique dans la conclusion de son
beau livre *l'Art de regarder les tableaux* la
raison de cette mode à laquelle il sacrifie lui-
même sans restriction :

« De très bons esprits, dit-il, et capables d'a-
nalyser les motifs de leur goût, préfèrent aujour-
d'hui, à la sculpture grecque du temps de Périclès, l'époque antérieure, l'art éginétique, au
xiiie siècle français le xiie, au xvie siècle italien
le *quattrocento*. Bref, leur admiration recule
au delà des âges classiques. Qu'est-ce à dire ?
Il était admis, jusqu'à ces dernières années, que
les artistes du temps de Périclès avaient porté

à la perfection la statuaire qui, au VIe siècle et au commencement du Ve, préludait à peine ; il était admis que les imagiers de Philippe Auguste et de saint Louis avaient amélioré la « barbarie » antérieure ; il était admis que Léon X présidait aux plus magnifiques splendeurs de la renaissance italienne. Qu'est-ce donc que ce goût singulier de l'archaïsme ? Une affectation ? le désir d'étonner ? une toquade ? ou bien — restons polis — un raffinement pervers de blasés... ? On assure que des musiciens très subtils se plaisent quelquefois à de fausses notes, comme des estomacs de gourmets à de farouches piments. N'y aurait-il pas une pareille dépravation dans notre amitié pour les Primitifs ? Non, mais on l'a bien insinué. Voici. Quand on étudie l'histoire de l'Art, on est frappé d'une chose : la brièveté des « âges d'or », la fragilité des belles formules esthétiques. Rien de plus momentané... Cela ne se conserve point. La belle idée se galvaude. Une autre bientôt la remplacera, après que celle qui était divine se sera lamentablement ressassée au point d'être absurde désormais et imbécile sans conteste. L'art ne vaut que spontané. Les stratagèmes auxquels l'artiste a recours ne valent que s'il semble les avoir inventés pour la seule expression de cette idée qui le hantait et qu'il a voulu réaliser. Il n'y a de beauté qu'ingénue ; j'entends :

exempte de rouerie. Tolstoï, un jour, m'a dit :
« Je compte trois règles de l'art : 1° la sincérité ; 2° la sincérité ; 3° la sincérité. Une œuvre
est sincère si elle est tout entière expressive ;
si, dans la structure générale et dans le détail, on n'y trouve nuls signes insignifiants...
Alors, qu'est-ce que l'art une fois que les
stratagèmes sont des procédés, une fois qu'il
existe des canons de la beauté, une fois que
l'artiste n'a plus qu'à suivre la méthode éprouvée, pour produire l'effet requis ? Eh bien ! les
âges appelés classiques sont justement ceux où
l'art s'est insensiblement perverti. »

Je n'ai point l'intention d'instituer devant vous
une discussion : cela ne serait plus dans le ton
de ces conférences et c'est affaire aux critiques
d'art. Mais il nous est tout de même permis
d'avoir nos idées et il n'est point nécessaire,
pour que nous les croyions bonnes, qu'elles
soient de tout point pareilles à celles d'autrui.

Je crois pour ma part qu'il est exagéré de
dire que toute idée, toute croyance réalisée s
dans une « belle formule esthétique », aux épo-
ques primitives deviennent nécessairement mau-
vaises et se galvaudent dès qu'on arrive à l'époque classique. J'avoue ne pas comprendre pourquoi. L'art ne vaut que spontané, dit-on encore.
C'est tout à fait discutable. Y a-t-il d'abord un
art spontané ? Qui dit art, dit nécessairement

artifice, et si simple que soit l'expression artistique d'une idée, tout de même cette expression pour être artistique demande un travail, un stratagème, une « rouerie » dont les « beautés les plus ingénues » ne sont pas exemptes. A ce compte les tout premiers primitifs, Cimabue tout seul peut-être, avec ses Vierges figées dans leur raideur byzantine et collées bien à plat sur le bois comme au Louvre, ou sur la paroi d'un mur comme à Santa Maria Novella de Florence, aurait eu une belle idée et l'aurait rendue dans une formule esthétique. Avec Giotto, ce n'est déjà plus si simple : il y a un essai de perspective, il y a un embryon de paysage, très peu j'en conviens, mais assez pour que ce soit déjà un artifice, quelque chose qui vient en plus de l'idée pure et simple. Chez notre admirable Fra Angelico, duquel, il s'en faut de beaucoup, nous n'avons pas tout dit, et à qui nous reviendrons quelque jour, l'amour des belles couleurs, très certainement recherchées pour elles-mêmes dans beaucoup d'œuvres, la splendeur des costumes, l'harmonieuse disposition des parties dans l'ensemble, le dessin très fini, tout cela, c'est de l'art, de l'art pour lui-même, de l'art dont la stricte pensée, celle qui veut être trois fois sincère suivant la loi de Tolstoï, n'aurait pas besoin. *L'Adoration des mages* de Benozzo Gozzoli, qui se déroule en procession dorée sur les murs de l'étroite chapelle du palais Ricardi à Florence, nous montre un défilé de nobles Florentins avec leur suite, une série de personnages, tous des portraits, avec leurs chevaux et des animaux de chasse. Si c'est là de la sincérité religieuse ! Je ne parle pas de Botticelli qui a eu de nos jours un regain de gloire, et qui le mérite bien, mais qui est très certainement plus compliqué, plus païen, plus « Renaissance » que Raphaël. Lisez le délicieux petit livre : *Sandro Botticelli,* d'Emile Gebhardt et vous serez suffisamment édifiés sur ce point. Les principaux chapitres de cet ouvrage, et qui en remplissent plus des trois quarts, sont intitulés : « les Médicis et l'initiation païenne, visions mystiques, visions d'Orient ». Tout cela n'indique pas une sincérité religieuse bien sévère et l'idée m'a bien l'air d'être déjà pas mal « galvaudée » !

Or, remarquez que Botticelli est mort en 1510 et qu'en cette même année, Raphaël peignait à la Signatura la *Dispute du Saint-Sacrement* et *l'Ecole d'Athènes,* et qu'il avait déjà peint presque toutes ses Vierges. On veut donc nous faire admettre que tout à coup, et uniquement parce que l'âge classique commence, nous entrons dans le règne de l'artificiel, de la convention, du poncif, et que c'est Raphaël qui va inaugurer ce beau règne-là. Nous protestons, et nous ne voulons pas pratiquer cet exclusivisme qui retranche de l'histoire de l'Art ses gloires les plus radieuses et les plus pures. Nous voulons bien admirer et nous prétendons goûter les œuvres qui ont paru aux siècles d'avant les grands siècles : nous voulons bien être préraphaélites ; nous savons que la beauté était connue, et déjà le grand art de la peinture, en Italie, et même en France, avant Léon X. La sculpture du xiie siècle, comment pourrions-nous la répudier, nous qui avons tous les jours sous les yeux et qui possédons à nous, comme un trésor inappréciable, trésor ignoré pour bien des gens, le Portail Royal de la Cathédrale ? Enfin nous sommes tout prêts à reconnaître la sévère et sublime beauté de l'art éginétique ; mais tout de même sous Périclès Athènes a construit le Théséion, le Temple de la Victoire, l'Erectéion, les Propylées, le Parthénon, et Phidias était son sculpteur : c'est bien quelque chose et nous demandons le droit d'admirer Phidias et de trouver que les Panathénées sont belles ; et le préraphaélisme ne doit pas faire oublier ni mépriser Raphaël.

C'est absolument comme en littérature et en musique. Il n'est plus de mise maintenant d'admirer ni d'aimer nos auteurs du xviie siècle : cela ne se porte plus. Corneille, Racine, Molière, des pompiers ! La Fontaine, à la rigueur, pourrait passer, et encore ! Mais parlez-nous de Remy Belleau, de Baïf, de Pontus de

Thyard ! Quelle simplicité, quel naturel, quelle naïveté, quelle franchise ! Quelle sincérité ! Les moindres parcelles des chefs-d'œuvre du xvi° siècle sont récitées, analysées, commentées ; on les met en musique, en belle musique déliquescente et malade. Car c'est une maladie, cette manie de l'archaïque et du primitif, aimé non pour les beautés qu'il renferme, mais seulement parce qu'il est primitif et archaïque. En musique, nous en souffrons aussi, pour la musique religieuse surtout. On a décrété qu'en dehors du moyen âge et, pour la musique polyphonique, en dehors du xvi° siècle, il n'y a pas de musique. Le principe *Quod vetus melius est* a régi le goût, la critique, la mode. On s'est extasié devant la moindre phrase de plain-chant pourvu qu'elle fût des premiers siècles, des siècles consacrés, des siècles authentiques, des siècles estampillés, et on vouerait à l'oubli, si on pouvait, les immortels chefs-d'œuvre des Bach, des Mozart, des Beethoven, des Gounod, des Saint-Saëns.

En face de ce parti pris, nous revendiquons un double droit : le droit de faire un choix parmi les œuvres anciennes : nous voulons, tout en admirant celles dont la beauté nous plaît, repousser celles qui sont franchement laides, ou dont la banalité ridicule est prise parfois pour une délicieuse candeur ; et le droit aussi de garder une place de choix dans nos amours pour les génies qui ont su résumer en eux les qualités d'art et de pensée des âges qui les avaient précédés, garder l'idée qui dirige tout, et cependant cultiver jusqu'à la perfection. la forme, inséparable de tout art vrai ; fondre ces deux extrêmes : une croyance et une technique, l'idéal et le réel, en un harmonieux ensemble, et, par la richesse de leur talent quasi universel, par la grandeur de leurs conceptions et la pureté de l'expression qu'ils leur ont donnée, par leur égal éloignement de toute sécheresse et de tout excès, par la parfaite concordance et l'équilibre de tous les éléments de matière et d'âme qu'ils ont mis dans leurs œuvres, mériter l'admiration des siècles et réaliser en eux des exemplaires éternels d'idéale humanité.

Et c'est parce que Raphaël fut un de ces génies-là, qu'il ne pouvait lui ni son œuvre être absent de nos causeries d'art, et que nous n'avons pas cru devoir en gardant sur lui le silence, suivre le courant qui entraîne loin de lui bon nombre d'amateurs de notre époque, quelques-uns très érudits et de goût très cultivé, mais trop épris, il me semble, de la simplicité, qui n'est quelquefois que de la gaucherie, des œuvres primitives. Si nous avons tort, on excusera notre inexpérience et notre erreur en faveur de notre franchise.

On fait un autre reproche à Raphaël, et il

nous faudra encore un peu de courage pour l'en défendre : car ce qui lui manque, on l'en accuse du moins, est justement ce qui est devenu de nos jours le tout du peintre, ce à quoi on sacrifie tout le reste, idée, dessin, composition : il lui manque la couleur. En sorte qu'on risque beaucoup en s'arrêtant devant un Raphaël de passer pour un philistin.

Je ne veux pas insister beaucoup sur ce point qui dépasse ma compétence technique et peut-être un peu la vôtre. Si vous voulez, résumons-nous très rapidement.

1° Raphaël n'a point témoigné dans son œuvre d'une science des couleurs comparable à celle d'un Titien, par exemple, ou d'un Rubens. Mais faut-il lui en faire un reproche ? Il ne cultive pas la couleur pour elle-même, pas plus, quoi qu'on en ait dit, qu'il ne s'applique au dessin pour lui-même. Pour lui, nous le verrons, tout est dans l'harmonie, dans le charme et la douceur et la grâce des lignes. Ces qualités qu'il a poussées si loin, nous le verrons, repro-cherons-nous aux autres peintres de ne les point avoir au même degré ? Pourquoi donc alors lui en vouloir à lui de n'avoir été ni Rubens, ni Titien, ni Rembrandt ? Puisqu'il a été Raphaël, que faut-il lui demander autre chose ?

2° Cependant ce serait une injustice de lui refuser absolument la science et l'art du coloris.

« Raphaël, dit M. Louis Gillet, n'a jamais passé pour un grand coloriste. Il est pourtant, à cet égard, fort supérieur aux Florentins. L'Ombrie est en quelque façon la petite-cousine de Venise. Raphaël, par tempérament, était préparé à comprendre les secrets de Giorgione, apportés par Sébastien. Plusieurs fois il a obtenu en ce sens des résultats exquis. Le *Balthazar Castiglione* est une parfaite harmonie grise. La *Messe de Bolsène* serait le plus beau triomphe coloriste de la fresque, si Titien n'avait peint quelques fresques à Padoue. Et pourtant, quoi qu'il fût capable d'accomplir en ce genre, Raphaël s'intéresse médiocrement aux qualités matérielles de l'exécution. On ne comprendrait pas autrement qu'il en eût si souvent confié le soin à des manœuvres. Ce qu'il a peint lui-même est d'une palette fort inégale. Il n'y en a d'autre raison que son indifférence. »

3° Il serait injuste d'en vouloir à Raphaël de n'avoir point connu tout le parti que la peinture moderne a su tirer de la couleur. On peut dire que l'importance donnée au coloris dans la seconde moitié du siècle dernier a renouvelé tout l'art de peindre et lui a donné comme un essor nouveau. On a vu, et en cela on a eu raison, que la peinture est l'art de représenter ce qui se voit, par conséquent des apparences, par conséquent, des jeux de lumière et de couleur.

Et ces jeux de couleur et de lumière se font d'une part au moyen de contrastes qui opposent les uns aux autres les points éclairés ; d'autre part, par des effets communs qui les rapprochent : il y a une multiplicité qui se ramène à l'unité. Il s'agit dans une œuvre de savoir à la fois concentrer le regard et le disperser ; le fixer sur un point plus lumineux et pourtant lui laisser voir toutes les autres couleurs qui se nuancent et se mêlent en une sorte d'échelle ou de gamme montante ou descendante, où les valeurs se marient, se distinguent ou s'opposent, soit pour le charme de l'œil, soit surtout pour l'expression douce, pénétrante ou passionnée d'un sentiment, d'un amour, d'une vue sur le monde.

La critique d'art de nos jours est toute pleine de ces préoccupations coloristes. Ainsi je viens de lire dans le *Journal des Débats* du 29 avril 1913 un article intitulé « le Tour du salon de la Société des Artistes Français ». Il n'y est question que de puissance de couleur, de matière abondante, de souplesse de pinceau. On parle de belle luminosité, de notes claires, de tons gris, de substance très liée. On voit dans un tableau un délicat et harmonieux morceau de coloriste, où les gris, les mauves et les jaunes clairs des étoffes soulignent le visage très finement nacré. L'accent majeur, c'est la chevelure rousse. On loue un peintre de ce qu'il aime et fait jouer des gris, des blancs, des ors et des rouges. On décrit une famille qui passe dans un paysage de neige : la mère voiturant le dernier-né habillé de rouge ; une fillette et quatre frères ou sœurs plus jeunes, vêtus de fourrures grises ; un chien noir. Ailleurs on voit que les blancs et les gris appuyés des noirs s'accordent ensemble dans une lumière très juste. Quelques notes rouges mettent des vigueurs çà et là.

Enfin vous voyez ce qu'on veut et ce qu'on cherche aujourd'hui. En conclurez-vous que tous les tableaux ainsi décrits sont des chefs-d'œuvre et que le Grand Palais, où ils sont exposés en un inextricable fouillis, le bon parmi le mauvais, le mauvais en pleine lumière souvent, et le meilleur dans quelque coin où on a peine à le trouver, nous offre des richesses artistiques auprès desquelles tout ce qu'on peut voir à l'Académie de Florence, à la Galerie antique et moderne, au palais Pitti ne mérite pas qu'on en parle ? Ce serait exagéré, n'est-ce pas ? Mais ne l'est-il pas autant de juger au poids de cette critique moderne, très avertie, très éprise, trop peut-être parfois, des moyens purement techniques, des œuvres qui ont été composées entre 1500 et 1520, alors que la couleur n'était qu'un moyen et que rien, même chez les meilleurs coloristes du temps, ne pouvait faire prévoir qu'elle dût devenir le but même de l'art ?

Tout ceci dit, non précisément pour défendre Raphaël qui n'a pas besoin sans doute de nos apologies. Comme dit M. André Pératé, la mode qui l'exclut aura bientôt fait son temps, et le créateur des fresques du Vatican, différemment jugé, mais non moins admiré peut-être qu'autrefois, redevient pour les jeunes artistes le maître que jamais on ne consulte en vain, l'inventeur du décor idéal où tendront toujours les plus hautes ambitions de la peinture. Nous avons voulu plutôt nous défendre un peu nous-mêmes, moi pour avoir eu l'audace vraiment un peu paradoxale de vous parler de Raphaël, bien plus de vous avoir invités à l'admirer, non pas sans réserves sans doute, mais bien franchement tout de même, et vous, Mesdames, Messieurs, pour que vous n'ayez pas à rougir ou à vous excuser de votre naïveté qu'on jugerait sans doute un peu niaise, si vous alliez avouer que vous avez écouté avec bienveillance ce qu'on vous en a dit.

*
* *

Ce qui caractérise, il me semble, le génie de Raphaël, c'est le culte de la beauté. Ses œuvres ne se prêtent peut-être pas beaucoup aux savantes analyses ; on n'y trouve certainement pas la puissance de pensée d'un Léonard de Vinci, et

quand on les contemple, l'âme ne se perd pas
dans ces méditations profondes où nous avons
vu que nous jette l'œuvre d'un Rembrandt. Non,
ici rien de pareil, mais on est pris par la douceur, par le charme indéfinissable de cette peinture divine. C'est beau, voilà tout ce qu'on trouve,
et on reste le regard charmé, l'âme prise tout
entière par cet art très simple et très compliqué
tout à la fois, très vrai et pourtant si facile à
comprendre, si élevé et si populaire, si humain
en un mot. Ah ! voilà cette fois, Mesdames, un
peintre pour les femmes ! un peintre qu'elles
doivent comprendre et qui doit, quand toutefois
elles n'essaient pas d'aller contre leur bon goût
naturel, leur plaire et les charmer tout de suite.
Aimer, savoir aimer ce qui est beau, est-ce que
ce n'est pas, Mesdames, votre rôle, celui que
vous remplissez tout naturellement, comme
malgré vous et sans le savoir ? Est-ce que quand
vous voyez dans la nature, dans l'ordre moral,
dans l'art où elle essaie souvent d'entrer, la laideur, est-ce qu'elle ne vous répugne pas comme
quelque chose d'antipathique à votre nature
même, d'hostile à votre être, à votre âme de
femme ? Est-ce que vous ne vous sentez pas
repoussées d'instinct loin de la laideur ? est-ce
que vous ne détournez pas d'elle vos regards,
dont il vous semble qu'elle salit la limpidité
native ? est-ce que vous n'arrachez pas bien vite

votre âme à la pensée même de la laideur, comme on voit que l'oiseau s'élève, les ailes éployées, loin de la boue terrestre vers le bleu des azurs infinis où se baigne et se plaît sa beauté ? Au contraire, est-ce que l'amour, la recherche, le culte du beau n'est pas le naturel et tout simple épanouissement de toutes les facultés de l'âme féminine ? Vous vous trompez quelquefois en le cherchant, mais vous le cherchez toujours : c'est pour vous un besoin ; c'est plus, c'est une fonction sociale. Oh ! si j'avais un discours à vous faire là-dessus, comme il me semble, Mesdames, que je saurais bien quoi vous dire ! Il y aurait bien des reproches, soyez-en sûres parmi mes éloges, et j'y glisserais, pour vos âmes de chrétiennes, de mères, d'épouses, de futures épouses chrétiennes, tous les conseils que ma fonction de prêtre et d'éducateur me suggérerait sur le bien que vous pouvez et que vous devez faire autour de vous en faisant rayonner partout et chez tous le goût du beau, cette splendeur du vrai et cette lumière de Dieu qui doit émaner de votre âme comme son charme propre et s'allumer par vous dans les âmes proches de la vôtre.

Je crois donc, Mesdames, que vous devez aimer Raphaël. « Un sens inné, unique, inouï de la « beauté, c'est, dit M. Louis Gillet, le grand trait « de Raphaël. » Couleur, dessin, modelé, composition dramatique, toutes les autres parties de l'art seront chez lui le résultat de l'éducation ; on pourra toujours, en cela, lui trouver des supérieurs. Mais il a ceci qui vaut tout : il a le charme. Impossible pour lui de prendre le crayon sans que la pointe, sur le papier, laisse une phosphorescence de grâce. Impossible de mettre dans une ligne quelconque plus de qualités esthétiques, et dans les traits d'une figure plus de poétique rayonnement. Toute création de Raphaël est une créature de beauté, un objet de joie éternelle.

Et c'est précisément pourquoi nous avons voulu que la causerie dont il était le sujet portât en titre aussi : « le réel dans l'idéal ». La nature gardant ses droits, la vérité restant entière pendant que l'art tend par le plus sublime et le plus constant effort qui fut jamais vers l'idéale perfection d'un être surélevé et d'un type d'humanité supérieure, n'est-ce pas, ne vous semble-t-il pas que ce soit là tout Raphaël, et qu'est-ce autre chose cela, que l'idée adéquate de la beauté et pour ainsi dire sa définition même ?

Voulez-vous que j'entre ici avec vous dans quelques explications qui vous feront bien comprendre ma pensée ?

L'idéal, nous avons vu qu'il est, quoi que veuille l'artiste, quelque parti qu'il ait embrassé dans la grande querelle qui divise les ouvriers de l'art, qu'il soit idéaliste ou réaliste, l'idéal malgré lui le possède et l'étreint et devient, même quand il prétend le contraire et s'affiche comme un champion déclaré du réel, devient malgré lui le but de ses efforts et l'aboutissement dernier de son travail, comme nous avons vu qu'il est arrivé pour les Hollandais qui sont, avec toutes leurs prétentions à imiter la nature sans plus, les plus grands idéalistes qu'on vît jamais.

Nous ne voulons pas revenir aujourd'hui sur cette question de l'imitation plus ou moins vraie, et, en tous cas, toujours idéale, de la nature par l'art, d'autant que nous serions assez embarrassés pour trouver en Raphaël un imitateur, au sens propre, de la nature. Il ne l'étudia que très peu en elle-même et s'affranchit très vite des définitions trop étroites du réel. « Il existe, dit « M. L. Gillet, pour un peintre, plus d'une façon « des'instruire. Celle de Raphaël est de percevoir « les faits à travers les transcriptions qu'en ont « données d'autres artistes. Le point de départ « de son art, ce n'est pas la nature, mais un cer- « tain état de l'art, qu'il se charge d'élever à « l'expression suprême. Chénier, Virgile, en « poésie, ont fait de même. L'âme de Raphaël « s'est éprise de beaucoup de formes différentes : « sans cesse elle émigre de l'une à l'autre ; à « toutes elle a laissé une grâce particulière dont « elle ne semblait pas capable. Peut-être le ré-

« sultat était-il impossible, si Raphaël fût venu
« à tout autre moment, et n'avait eu à son ser-
« vice l'immense travail du xve siècle. La fortune
« le fit naître à temps pour résumer ces expé-
« riences, le doua de génie pour en faire de la
« beauté. »

*
* *

Nous arrivons par là à la dernière et à la plus
importante assurément des conceptions où nous
conduit notre analyse de l'émotion esthétique.
Nous avons entendu jusqu'ici par le mot d'idéal
tout changement opéré par l'artiste à la nature
qu'il fait passer dans son art, toute addition de
l'homme à la nature, toute transfiguration de la
nature, toute humanisation qui fait d'elle une
représentation d'âme, une expression de vie
intérieure, comme un autre monde, un monde
où la matière devient pensée et la chose esprit.

Mais il convient d'entendre l'idéal dans un
sens à la fois plus spécial et plus large. Idéaliser
la nature, ce n'est pas seulement la changer pour
qu'elle se rapproche de l'homme et l'exprime
mieux, c'est l'élever, l'embellir, la perfectionner,
la diviniser pour qu'elle réponde au besoin du
mieux, à la soif de beauté, au tourment du
divin qui est en nous. C'est corriger tout ce qui
nous choque dans les spectacles qu'elle nous
offre ; nous trouvons en elle une foule de défauts ;

elle n'est faite que d'inégalités, son tableau est mélangé de vraiment trop d'ombres. Ses paysages ne sont jamais à souhait : il y manque toujours quelque chose : on ne voit jamais que la moitié de ce qu'on voudrait : les bords de la mer sont trop plats, les montagnes trop arides, les vallées trop larges ou trop étroites, les bois trop sombres ou trop clairs avec trop d'arbres quand on voudrait voir loin, ou pas assez quand on désire le mystère ; ses couchers ou ses levers de soleil n'apportent que déceptions, non pas seulement aux touristes partis tard le soir dans la montagne ou levés tôt le matin sur la foi de leur Baedeker, et qui, les trois quarts du temps, ne voient rien du tout ; mais encore aux vrais artistes qui attendent pendant des jours et des nuits, désireux de copier celui qu'on appelle, bien à tort, le plus grand des peintres, le soleil, peintre très capricieux d'ailleurs et d'une fantaisie outrancière qui ne met, en général, que très peu d'ordonnance dans son tableau, qui ne connaît aucune logique dans la distribution des couleurs, de la lumière et de l'ombre, et n'entend rien à la loi moderne des valeurs.

L'humanité que nous présente la nature sera-t-elle plus parfaite et plus prête à entrer de plain-pied dans l'art sans corrections et sans retouches ? Il y a assurément de très beaux types hu-

mains, surtout chez certaines races plus pures.
Les peintres, même les plus naturalistes, même
ceux qui affirment avec le plus d'éclat qu'ils ne
cherchent pas la beauté, et que la laideur est un
meilleur objet du travail artistique, même ceux-
là recherchent avec soin ces modèles, ces types
humains. Et quand ils les rencontrent, ne croyez
pas qu'ils les trouvent parfaits de tout point.
Raphaël disait à un de ses amis que, comme il
ne trouvait pas de femme assez belle à son gré,
il peignait ses madones suivant un certain idéal
qu'il avait en lui.

Les types de beauté que l'on prend dans la
nature ne sont, en effet, jamais complètement
beaux au point qu'exige l'art idéaliste : l'idéal
que l'artiste porte en lui suivant le mot de
Raphaël, n'est jamais réalisé complètement par
la nature qui, à vrai dire, semble assez indifférente aux fins strictement esthétiques qu'elle ne
cherche jamais pour elles-mêmes. Le peintre qui
poursuit l'idéal corrigera donc la nature ; il
retranchera, il ajoutera suivant les besoins de
la cause. Il voudra les yeux plus petits ou plus
grands, le nez plus discret ou plus accusé ; il ne
voudrait ni de celui de Cyrano, ni de celui de
Cléopâtre dont Pascal a dit que, s'il eût été
plus court, la face du monde eût été changée ; il
atténuera la vigueur des traits et régularisera la
forme générale du visage. Il voudra la juste

proportion des parties du corps à l'ensemble ; en un mot, il cherchera en tout la beauté suivant l'idéal personnel qu'il s'en fait, ou suivant les conceptions esthétiques de son école ou le goût de son époque, dont il est toujours plus ou moins esclave. Il soutiendra avec un grand nombre d'artistes éminents que le but de la peinture n'est pas de nous présenter une image plus ou moins exacte des choses, telles que nous les percevons dans la réalité, mais d'exciter en nous l'émotion esthétique la plus intense en nous mettant sous les yeux des objets aussi beaux que possible. Il apportera donc dans toutes ses compositions ce souci de la valeur propre de l'objet représenté. Il recherchera les attitudes élégantes, les lignes pures, les formes nobles et parfaites, les beaux visages, et s'il ne les trouve pas dans la nature, il les demandera à l'invention. Il ne s'interdira pas de corriger en quelque sorte l'apparence des choses en les représentant non telles qu'elles sont, mais telles qu'elles devraient être. Pour être plus sûr de nous offrir des images qui répondent pleinement aux exigences de notre goût, il les demandera non pas à la réalité, mais au rêve. Pour lui, le suprême effort de l'art sera la création de l'idéale beauté.

« Une telle conception de l'art est-elle légitime? demande M. Paul Souriau, professeur à l'Université de Nancy, dans son beau livre *l'Imagina-*

tion de l'artiste. Et il répond : « Les théoriciens encore imbus du préjugé réaliste ne manqueront pas de faire des réserves. Le mot d'idéal sonne mal à leurs oreilles. Ils ont été jusqu'au bout de leurs concessions, quand ils ont accordé à l'artiste le droit d'inventer avec prudence et en prenant le soin de rester strictement conforme aux intentions de la nature. Pour nous qui n'entendons imposer à l'artiste aucun veto, qui ne voulons l'enfermer dans aucune école, mais qui l'encourageons, au contraire, à se développer en tout sens, nous ne saurions qu'applaudir à cette tentative de l'art pour s'élever au-dessus de la réalité. Toute la question, ce me semble, est de savoir s'il y peut réussir. Mais l'art idéaliste existe. On ne peut le nier, il a fait de grandes choses. Athènes et Rome se sont inclinées devant lui... S'il est de petits esprits aux admirations étroites qui nient les œuvres de perfection plastique ou de beauté morale, et que l'art trivial suffit à remplir tout entiers, que leur dire ? Un sens du beau leur est fermé. Laissons donc de côté les objections ; voyons l'art idéaliste au travail, transformant les objets réels pour les amener à un degré plus élevé de perfection et de beauté. »

Écoutons le conseil de l'éminent critique et voyons Raphaël au travail ; voyons comment il a idéalisé, tout en restant dans le réel et dans la

vérité de la nature, les formes qu'il emprunta
aux grands Florentins du siècle d'avant lui ou
à ceux qui furent ses maîtres.

*
* *

Quand on connaît un peu les peintres de la
seconde moitié du Quattrocento, on se rend
compte, ce qui ne veut pas dire qu'on puisse
l'exprimer facilement par des paroles, mais
enfin on se rend compte de ce que put être
l'idéal de Raphaël et la forme qu'il chercha.
Ses maîtres furent le Pérugin, Timoteo Viti,
Fra Bartolomeo. On reconnaît leur influence
dans les œuvres de jeunesse du maître. Mais
comme bien vite il trouva et sut ajouter à ses
modèles ce qui ne leur appartient pas et ce qui
n'est qu'à lui, le charme de Raphaël !

Ce charme, de quoi est-il fait ? Je vous l'ai dit,
on ne l'exprime pas : on le voit, on le sent. Il
est tout entier dans les célèbres Madones, dans
ces vierges dont on a dit tout le bien et dont on
voudrait dire maintenant tout le mal et qui nous
rappellent et nous attirent malgré nous par leur
invincible attrait d'éternelle humanité. Quatre
siècles écoulés ne leur ont rien fait perdre de
leur grâce, de leur fraîcheur et de leur vie.
« Comment vieilliraient-elles en effet ? Comment, aussi longtemps que la femme concevra,
que l'homme naîtra de la chair, ne seraient-elles

pas adorées, ces Madones immortelles, si elles
ne sont que le poème, toujours le même, toujours nouveau, de ce qu'il y a de plus divin au
monde : l'enfance, la maternité ? (1) » :

Car c'est cela qu'elles nous chantent et rien
d'autre, et c'est pourquoi je les trouve non seulement humaines, mais divines. Et c'est pourquoi
je m'entête à croire, quand je devrais rester tout
seul à avoir cette foi, mais je ne serai pas seul,
car vous serez avec moi, à croire qu'elles sont, autrement sans doute, mais au même degré, expres-
sives du sentiment religieux qu'avaient été les
vierges des Primitifs et du Quattrocento. Encore
sont-elles plus accueillantes, plus accessibles que
les vierges hiératiques du xiii\u1d49 siècle, que l'impas-
sible Notre-Dame gothique avec ses ornements
d'idole, son immobilité radieuse d'icône,

> ... régente terrienne
> Emperière des infernaux palus.

Peut-on soutenir qu'on est plus loin de la
vérité religieuse, parce qu'on nous présente une
vierge moins reine sans doute, mais plus femme,
plus mère, et en quoi serait-il contraire à la foi,
qu'est-ce que le paganisme aurait à voir, si cette
femme, si cette mère est belle, radieusement,
divinement belle ?

(1) L. Gillet, Raphaël, p 41.

Et puis si Raphaël la rapproche ainsi de nous,
il la fait lointaine tout de même : il la met au-dessus de l'humaine condition ; au-dessus des con-
tingences, des besoins, des matérialités terrestres.
Elle a perdu sans doute chez lui les attributs pro-
tocolaires de la nature céleste. « Le nimbe qui
« la distingue, de disque se réduit à un fil, un
« mince anneau flottant, fait d'un cheveu qui
« semble du même or que la chevelure ; et sou-
« vent ce vestige lui-même s'évanouit. C'est qu'il
« est plus facile de convenir d'un signe de la
« sainteté que d'en rendre l'expression » (1).

Raphaël évite avec une délicatesse infinie
toute allusion aux choses physiques. La maternité de Marie ne fut pas une maternité ordinaire. « Ce thème, si cher aux gens du Nord, aux
Van Eyck, à Fouquet, à Dürer : une nourrice,
la gorge découverte et pressant de ses doigts le
globe fécond de son sein, ce thème, aussi doux
que son nom, l'allaitement, il ne se trouve pas
chez Raphaël. Il est trop nature, il mêle à des
idées augustes une idée trop crue de fonction.
Ecartés de même le berceau, le linge, le bassin,
tout ce ménage intime, ce tableau d'intérieur qui
fait le prix de *la Famille du menuisier*, mais qui,
n'était le rayon et le miracle du clair-obscur,
ferait sentir le tripotage. C'est par des réticences

(1) L. Gillet, Raphaël, p. 42.

exquises, à force de tact, de pudeur, qu'il a su mettre dans ses Madones tout ce qu'une figure humaine peut exprimer d'idéal. Mieux encore, même cette chose inexprimable, la virginité de la Madone, il a réussi à la rendre, dans la mesure du possible, par des moyens plastiques ; à voir l'athlétique bambino qui joue sur ses genoux étroits, ne dirait-on pas une grande sœur qui n'a encore de la mère que le pressentiment de son cœur déjà maternel ? Cela aussi, c'est le divin. »

On peut partager en quatre séries les compositions où Raphaël a peint la Vierge. Il y a les tableaux où Elle est seule avec l'enfant, ceux où l'enfant Jésus est accompagné du petit saint Jean, les saintes Familles et enfin les tableaux de gloire où la Vierge s'offre à nos hommages dans son triomphe et attend nos prières. Je vais pouvoir vous faire admirer le dessin de quatorze de ces peintures sur trente à peu près que Raphaël nous a laissées.

La Vierge Conestabile, ainsi nommée parce qu'elle fut acquise par le comte Conestabile della Staffa, est maintenant au musée de l'Ermitage, qui l'a achetée 330.000 francs en 1876. C'est une miniature, une perle ; elle mesure dix-sept centimètres de diamètre. Raphaël l'a peinte à Pérouse, alors qu'il était l'élève de Pietro Vannucci, le Pérugin. Mais comme on voit bien que déjà l'élève a dépassé le maître !

La forme générale est sans doute encore bien péruginesque ; mais la ligne de Raphaël s'accuse déjà : le visage de la Vierge n'a plus la rondeur qu'il affecte dans les œuvres du Pérugin, il annonce la forme ovale que Raphaël adoptera, en la perfectionnant encore, dans les types les plus achevés de ses Vierges.

La Vierge dite *du Grand Duc* est au palais Pitti à Florence. Elle date de 1505 et marque le début de la seconde période de la vie de Raphaël, la période florentine.

Le jeune peintre a vingt-deux ans ; il a quitté Urbin, sa patrie ; il vient à Florence où il va connaître Léonard de Vinci, Fra Bartolomeo et Michel Ange, où il va, après quelques années d'attente et de travail obscur, prendre rang lui-même parmi les maîtres. Mais s'il est peu connu encore, s'il est réduit pour placer ses madones qu'on vendrait maintenant des millions, à en faire hommage à des gens qui ne le paient qu'en bonnes paroles ou en invitations à dîner, ses premiers essais n'en sont pas moins des coups de maître.

La Vierge du Grand Duc est debout, tenant l'enfant. Elle est vêtue d'une robe rouge qu'on ne voit que sur la poitrine. Un ample manteau bleu, doublé de vert, couvre le sommet de la tête, tombe sur les épaules et enveloppe le reste de la figure. Un voile transparent se mêle aux

bandeaux de cheveux blonds et descend sur le
front sans en atténuer la noblesse. Les traits
sont calmes sans impassibilité, et d'une beauté
que Raphaël lui-même a rarement dépassée.
Vraiment, croyez-vous qu'il soit possible d'i-
maginer un plus beau type, je ne dis pas seulement d'humanité, mais d'idéal religieux et
divin ? En quoi, je vous le demande, l'art de
Raphaël a-t-il nui à l'expression chrétienne, et
presque théologique, de l'idée ? Je me prends à
prier et à méditer devant cette céleste figure de
ma mère du ciel. Oh ! pourquoi ne serait-ce
pas son portrait ? Pourquoi ? Pourquoi vou-
drait-on qu'elle soit laide, cette divine mère, et
pourquoi veut-on m'empêcher de croire que,
plus c'est beau, plus il y a de chances pour que
ce soit bien elle, et plus il me sera doux de la
prier ainsi. « Sainte comme le Christ, dit Lamen-
nais (1), elle est la femme selon l'esprit, comme
la Vénus antique était la femme selon la chair. »
Dans cette Vierge, tout détache de cette pensée
de la chair. Telle qu'une fleur aérienne, elle
flotte au milieu d'une limpide lumière qui semble, en la révélant, la voiler encore. Un parfum
d'innocence s'exhale d'elle. Sur son front serein,
où cependant se montre déjà le germe d'une
douleur immense, pressentie et pleinement

______

(1) *Esquisse d'une philosophie*, t. III, p. 223.

acceptée, sur ses lèvres qui sourient à l'Enfant divin, dans son regard virginal et maternel, dans la pureté de ses traits pleins d'une grâce céleste, on reconnaît tout ensemble et la simple naïveté de la fille des hommes et l'auguste et ineffable sainteté de Celle en qui le Verbe éternel s'est incarné pour le salut du monde. Voilà la femme selon le christianisme, la seconde Eve réparatrice de l'humanité ruinée par la première.

Au point de vue de l'histoire de l'Art, *la Vierge du Grand Duc* est du plus haut intérêt, car elle montre les incroyables progrès que Raphaël a faits en quelques mois et comme il a laissé loin derrière lui Pérugin et l'Ecole d'Ombrie. Il a gardé, il gardera toujours cette simplicité douce et tendre qui est toute ombrienne ; mais à la noble inspiration de cette figure de madone et au jet grandiose des draperies, on reconnaît la trace des modèles florentins qu'il étudiait alors et qu'il dépassait déjà.

La Vierge aux flambeaux est d'allure beaucoup plus classique : elle a été peinte à Rome aux environs de 1513 et, malheureusement, terminée par Jules Romain ; elle est à Londres dans une collection particulière.

Les tableaux authentiques de Raphaël représentant la Vierge, l'Enfant Jésus et le petit saint Jean sont au nombre de dix : *la Vierge Terra nuova* à Berlin, *la Vierge Taddeo Taddei* ou *Vierge à la prairie*, à Vienne : *la Vierge au chardonneret*, à la Galerie des Offices de Florence ; *la Belle Jardinière*, au Louvre ; *la Vierge* de la galerie Esterhazy, à Vienne ; *la Vierge de la maison d'Albe*, à l'Ermitage ; *la Vierge Aldobrandini*, à la National Gallery ; *la Vierge au diadème*, au Louvre : *la Vierge della Tenda*, ou *Vierge aux rideaux*, à la Pinacothèque de Munich ; *la Vierge à la chaise*, au Palais Pitti.

Nous ne pouvons penser, à cause de l'heure qui presse, à nous arrêter longtemps devant chacune de ces madones : nous trouverions pourtant à cette contemplation un charme bien attirant et bien délicat.

Vous pourrez voir *la Belle Jardinière* et *la Vierge au diadème*, quand vous voudrez : à votre prochain voyage à Paris, laissez le Salon, et allez au Louvre : vous n'aurez perdu que bien peu de chose et vous n'aurez pas perdu votre temps ; vous aurez gagné beaucoup, puisque vous aurez connu la pure et idéale jouissance de la beauté et que vous aurez été plus près de Dieu. « La beauté, dit Lacordaire, est l'épanouissement de l'être dans la lumière, l'harmonie, la grandeur et la bonté, images elles-mêmes de la lumière, de l'harmonie, de la grandeur et de la bonté de Dieu ». Lumière, harmonie, grandeur et bonté, les Vierges de Raphaël ne disent point autre chose, mais elles disent tout cela, et c'est assez pour que les âmes de choix les comprennent et les goûtent.

Florence possède, au milieu de toutes ses richesses d'art, deux trésors : *la Vierge au chardonneret* et *la Vierge à la chaise*. La première nous offre un exemple de la disposition en pyramide que Raphaël a choisie souvent pour placer la Vierge et les deux petits. Elle est, dit un auteur (1), une des plus pures images de l'amour divin, une de celles qui font naître avec le plus de vivacité, l'espérance infinie. Devant une telle Vierge et devant de tels enfants, tout fléchit et s'incline. Quoi de plus humble cependant ? Jésus caresse un chardonneret que lui présente le petit saint Jean, et la Vierge, au milieu de la campagne fleurie, contemple les deux enfants. Voilà tout, et cela suffit à pénétrer le cœur et l'âme jusqu'au fond. Nous disions dans notre dernière conférence qu'on doit regarder Rembrandt comme on écoute Beethoven ; c'est à Mozart que Raphaël nous fait penser : c'est la même pureté de ligne, la même simplicité de moyens qui semblent à la portée de tous et qui réalisent une fin sublime ; c'est la même suave harmonie, où tout s'accorde sans effort,

(1) Gruyer, *les Vierges de Raphaël*, t. III, p. 147.

la même mélodie qui chante et qui rêve, la
même poésie qui vient du cœur et qui parle au
cœur : c'est la chanson, le rêve, la poésie de
l'humain et du divin qui parle en nous ; c'est le
réel, cela Mesdames, car c'est vrai, éternelle-
ment vrai ; et c'est l'idéal : mieux que toutes
les analyses et que toutes les théories, notre
cœur nous le dit, car il reconnaît là tous ses
désirs, tous ses élans et tous ses amours. Qu'on
dise si l'on veut après cela, que Raphaël manque de vigueur, de caractère et de puissance,
qu'il généralise trop pour trouver le beau idéal,
qu'il est précieux, mièvre, compassé. Convenons
si vous voulez, avec M. L. Gillet, qu'il s'en faut
d'une nuance que *la Vierge au chardonneret*
n'encoure le reproche de gentillesse. Mais cette
nuance a été gardée, et Raphaël a été sauvé de
la mièvrerie par l'élévation impeccable du style.
« La naïveté un peu raffinée » que M. Gebhardt
trouve dans ce tableau n'est-elle pas plutôt le
fait de certains commentateurs indiscrets qui
apportent leurs explications prises de loin au
travers des conceptions si simples du maître ?
M. Eugène Müntz ne trouve-t-il pas que l'enfant est tout préoccupé de la lecture que sa mère
lui a faite ? Le pauvre mignon, il a bien le
temps de lire ! Et on ajoute qu'il étend la main
pour caresser l'oiseau qui le regarde d'un air
intelligent, et sans paraître intimidé. A quoi le

spirituel et cruel Gebhardt réplique : « Ah! que les chardonnerets de la Renaissance avaient donc de l'esprit ! » Je demande à mon tour de lui répondre que ce n'est pas la Renaissance qui leur donnait tant d'esprit, mais M. Eugène Müntz, ce qui n'est pas la même chose !

Laissons les commentaires et regardons le groupe divin ; il se défend lui-même du reproche de recherche et d'affèterie tant il exprime directement et simplement l'idée religieuse, à laquelle l'art consommé et le souci de l'idéal ne sauraient rien retirer de sa profondeur. La mère, c'est bien la Vierge sans tache, la Mère immaculée : « Vous êtes toute belle, ma bien-aimée, et il n'y a point en vous de souillure. » Je doute que jamais la foi à l'Immaculée Conception ait été rendue, ou puisse jamais l'être, aussi puissamment que dans cette admirable Madone. D'une main, elle tient le livre des Ecritures qui était l'objet des méditations ordinaires de Marie ; de l'autre, elle encourage d'un geste tendre et caressant l'humanité représentée par le petit saint Jean qui porte les insignes du Précurseur au désert : la peau de mouton et l'écuelle. Et le regard d'infinie charité et de pitié si triste avec lequel le petit Jésus semble demander la grâce et la liberté pour le captif, c'est tout l'amour, toute la tendresse de Dieu pour sa créature. « Voyez les oiseaux du ciel, dira plus tard l'enfant quand il sera prophète ; ils ne sèment ni ne moissonnent : est-ce que votre Père céleste ne les nourrit pas ? » Et pendant que le Dieu semble dire tout cela, le bambino pose son petit pied potelé sur le pied nu de sa mère...

La Vierge à la chaise nous est un bel exemplaire de la dernière manière de Raphaël. Elle est de 1516 et a été peinte à Rome, au milieu de tout le mouvement païen qui emportait Raphaël, protégé de Léon X, loin des conceptions chrétiennes de sa jeunesse florentine. Non que cette Madone n'éveille l'idée du surnaturel, mais elle y arrive à force d'art, et par l'idéale beauté de la femme et de l'enfant. Les Grecs seuls avaient pu, en dehors du christianisme, parvenir à une réalisation plastique aussi proche de la divinité. « L'art, dit Burckhardt, se retrouve sur ces hauteurs où d'elle-même et à elle seule la beauté humaine apparaît sous une forme éternelle et divine. »

La Vierge à la chaise ne me semble pas assez chrétienne ; mais il se pourrait très bien qu'elle fût, Mesdames, votre Madone préférée, parce qu'elle est, de toutes les Vierges de Raphaël, la plus belle, la plus femme et la plus mère ; et si c'est pour toutes ces raisons que vous lui donnez la première place, je suis tout prêt à me ranger à votre avis, car devant une pareille image de la maternité, devant cet enfant et devant cette mère serrés l'un contre l'autre, se pressant amoureusement comme pour affirmer leur possession mutuelle, comme s'ils ne pouvaient assez se mêler l'un à l'autre, ni défendre assez leur amour jaloux contre toute invasion du dehors, c'est vous seules, ou vous les premières du moins, qui êtes compétentes.

Je n'ai pu que faire défiler rapidement devant vous quelques saintes Familles et deux ou trois Vierges de gloire. Les plus célèbres de ces Vierges sont *la Vierge Ansidei, la Madone de Saint-Sixte* et *la Vierge de Foligno*. Je ne puis vous en parler en détail, car je ne les connais que par les livres. La seule dont j'aurais pu vous parler est *la Vierge au baldaquin* qui est au palais Pitti, mais elle n'a pas été achevée par Raphaël, et si, par l'ordonnance, l'architecture des groupes, leur équilibre, leur effet, on reconnaît le maître, les mains étrangères et la contrefaçon s'y reconnaissent trop aussi.

Une fois de plus, il nous arrive l'accident fâcheux de ne traiter que la moitié de notre sujet ; et encore non pas même la moitié, car il est évident que les Madones ne sont qu'une petite partie de l'œuvre de Raphaël et qu'elles donneraient, à les considérer toutes seules, une idée bien incomplète de son talent et de son génie. Pour le connaître, c'est à Rome qu'il faudrait aller et c'est dans les Loges et dans les Stances

du Vatican qu'il a donné sa mesure, c'est-à-dire
qu'il s'est affirmé comme le plus puissant, le
plus harmonieux, le plus complet, le plus
humain, disons le mot sans en avoir peur, le
plus classique des peintres. C'est là que vous
devriez aller le voir et vous me diriez ensuite que
je ne vous ai point trompés en demandant
toutes vos admirations pour ce génie, le plus
grand peut-être et le plus complet qui fût
jamais.

TABLE DES MATIÈRES

Poitiers. — Société française d'Imprimerie.